LE PRÉDATEUR

DANS LA MÊME SÉRIE

Portée disparue
Le Phénix
Le Dragon rouge
Mort blanche
Le Prédateur
Impact

300 rue Léon-Joulin 31101 Toulouse Cedex 9, France
Loi 49-956 du 16 juillet 1949
sur les publications destinées à la jeunesse
isbn : 978-2-7459-2895-5
www.editionsmilan.com

CAROLINE TERRÉE

LE PRÉDATEUR

MACADAM

MILAN

PROLOGUE

Elle sort de sa voiture et je ne vois plus rien d'autre. Juste elle, sur le point de découvrir ce dont je suis capable.

Je m'avance de quelques pas et je me place entre le profil caréné de son véhicule et le cône de lumière qui descend à pic derrière moi.

Lampadaire n° 1009.

Angle de Comox et de Denman Street.

Un faisceau de particules orange qui a le plus grand mal à se frayer un chemin entre la nuit et la pluie qui l'entourent, mais qui est parfait pour ce que je m'apprête à faire.

La regarder.

Sans qu'elle puisse voir autre chose qu'une silhouette de plus de l'autre côté du carrefour. Réduite à sa plus simple expression : un contour de corps humain rempli de noir.

Je baisse un peu la tête, plus par réflexe que par peur qu'elle me repère, et je me mets à la jauger.

30-35 ans. Cheveux bruns coupés plutôt court. Pantalon sombre et pull à col roulé écru. Mouvements fluides et précis.

Un adversaire intéressant.

Elle se penche sur le siège passager et se redresse, une veste bleue à la main. Puis elle claque la portière, et le moment d'intimité que j'avais si soigneusement réussi à créer entre nous explose en mille morceaux.

La lumière des gyrophares se remet à balayer son visage… La tour du Coast Plaza se remet à dominer le quartier…

Et je suis de nouveau entouré d'une foule de badauds qui échangent à voix basse des théories aussi fausses les unes que les autres sur fond de sirènes hurlantes.

Je résiste à l'envie de me replonger dans les ténèbres, de retrouver silence et solitude, et je continue à l'observer.

Je la regarde traverser la rue à grands pas.

Enfiler le coupe-vent qu'elle vient d'attraper sans ralentir d'un iota.

Et je n'ai pas besoin de voir le nom imprimé sur son badge, ou les trois lettres qui se dressent à la verticale sur son dos, pour savoir qui elle est.

SAMEDI 11 JANVIER

Printed in France

1.

COAST PLAZA HOTEL
1763 COMOX STREET
19:11

– Agent Kovacs, CSU.

Les portes de l'ascenseur se referment derrière moi et l'univers du Coast Plaza Hotel, version dernier étage, se révèle dans toute sa splendeur.

Un mélange de couleurs sombres et d'appliques dorées qui frôle l'overdose. Le genre d'endroit qui semble avoir été conçu pour pouvoir tout absorber. D'un bruit de pas trop marqué à un costume-cravate mal accordé.

Je m'avance vers l'officier du VPD[1] posté sur le palier, badge braqué dans sa direction, et j'attends qu'il soulève le ruban jaune de police pour me laisser passer.

– Merci.

Puis je me glisse entre moquette épaisse et papier peint à relief, et je me dirige vers la bulle d'activité

1. Vancouver Police Department.

qui s'est formée tout au fond d'un des couloirs : un assortiment d'experts scientifiques et d'employés du service médico-légal, déjà prêts à passer à l'action.

Talkies-walkies grésillant d'instructions.

Visages tendus.

Je repère Keefe en train de me faire signe sur le seuil d'une des chambres, portable collé contre l'oreille, et je traverse le barrage humain qui nous sépare en le voyant raccrocher.

– Qu'est-ce qu'on a ?

Il enfonce le combiné dans la poche arrière de son jean et me tend une paire de gants en latex.

– Largement de quoi justifier qu'on se soit fait mobiliser en plein week-end.

– Nick et Connie sont déjà arrivés ?

– Connie, oui. Nick, pas encore. Il était à Steveston pour la soirée, avec Martha et les mômes. Il ne devrait pas tarder.

Je lève les yeux vers la porte autour de laquelle le périmètre de sécurité a été établi – chambre 3501 – en notant au passage la pancarte DO NOT DISTURB accrochée à la poignée.

– Vous avez déjà commencé ?

– Oui et non. Connie est en train de faire un premier tour d'horizon avec Delgado. Pour le reste, on t'attendait.

– Parfait.

Je balaie de nouveau le couloir du regard, et je remarque les deux officiers en uniforme plantés près d'une sortie de secours.

– Première patrouille arrivée sur les lieux ?

– Affirmatif. Vaughn et Williams. Ils étaient sur Denman Street quand ils ont reçu l'appel du Central. Temps de réponse record. Sur place en moins de trois minutes.

– C'est eux qui ont confirmé le décès ?

– Non. Une équipe médicale du 911, déjà repartie. La température de la victime était de 18 °C, aucun pouls, cristallin des yeux opacifié… La mort remontait à tellement d'heures qu'ils n'ont pas eu grand-chose à faire.

– Qui a donné l'alerte ?

– L'un des employés de la victime. Bruno Duquesne, expert-comptable. C'est lui qui a découvert le corps et qui a appelé les secours.

– Il est *entré* dans la chambre ?

– Apparemment.

– On sait comment ?

– Non. Pas encore. C'est la raison pour laquelle on l'a traité jusqu'à présent en tant que témoin et suspect potentiel. Il est dans une salle de réunion, deux étages plus bas, gardé par une unité du VPD. Tariq et Larsen ont déjà prélevé sur lui empreintes et échantillons nécessaires.

– Tu l'as vu ?

– Oui, brièvement. Dans les 35-40 ans… Genre jeune cadre dynamique qui doit fumer quarante clopes par jour et dormir trois heures par nuit. Et vu l'état dans lequel il était quand je lui ai parlé, il est soit très bon acteur, soit complètement traumatisé par ce qui vient de se passer.

– OK.

J'enfile la paire de gants et je fais signe aux responsables des différents services rassemblés derrière moi que je ne serai pas longue.

Puis j'entre dans l'une des chambres d'hôtel les plus luxueuses de la ville. L'endroit où m'attend notre première victime par homicide de l'année.

– Michael Fairbanks. 62 ans. Homme d'affaires.

La voix de Keefe s'ajoute comme une légende au tableau macabre qui me fait face, et pendant les quelques secondes qui suivent, je ne vois plus qu'une seule chose : la forme inerte qui se découpe devant moi.

Celle d'un homme, assis sur un fauteuil placé devant une immense baie vitrée. Mains attachées dans le dos. La tête recouverte d'un sac plastique transparent.

– OK…

Je m'avance un peu plus et j'essaie de bien visualiser la scène avant de m'attaquer aux premiers comptes-rendus de Connie et de Delgado – accroupis tous les deux aux pieds de la victime.

Je commence par étudier la position du corps : visible de dos et de face de là où je me trouve, grâce aux reflets qu'il laisse sur la paroi de verre. Aucune trace de sang ou de blessure détectable à l'œil nu. Nuque basculée vers l'arrière. Bouche couverte par un rectangle de ruban adhésif. Traits du visage difficiles à discerner sous la fine couche de plastique. Et tout autour, assez de meubles en bois massif et de surface en velours, pour créer une atmosphère encore plus bourgeoise et plus étouffante que celle du couloir.

Puis je me concentre sur une série de détails bien précis.

Les vêtements que porte l'homme : costume beige en lin et chemise bleu pastel – un peu trop étroits pour sa corpulence à la limite de l'obésité –, auxquels s'ajoutent des chaussures de golf bicolores. Le ruban adhésif qui maintient ses mains attachées entre elles, glissées derrière le dossier, et les extrémités du sac plastique serrées autour de son cou : gris argent, dans les 4-5 centimètres de largeur. Le cigare à peine entamé écrasé au fond d'un cendrier, à côté duquel repose un trousseau de clés de voiture – et la forte odeur de tabac qui plane à travers la pièce. La montre Rolex posée sur une table de chevet entre une bouteille de Scotch à moitié vide et un téléphone portable. Et le sac de voyage et l'attaché-case empilés sur un lit deux places, encore fait.

– Premières hypothèses ?

Je pivote pour bien m'adresser aux trois personnes présentes avec moi dans la pièce, et c'est le légiste qui prend la parole en premier.

– Contrairement à ce que l'on pourrait penser, il ne s'agit probablement pas d'une mort par suffocation… Et le décès remonte à au moins vingt heures.

Delgado m'invite à le rejoindre face au corps et tend un bras pour me montrer une série de petits points rouges qui descend le long du cou de la victime.

– Marques classiques laissées par une arme électrique, dite de défense. Au vu de l'écart qui existe entre les points d'impact de chaque paire d'électrodes, je dirais qu'il s'agit d'un modèle plutôt puissant. Dans les 500 000 volts, voire plus. Jusqu'à présent, j'ai compté quatre décharges électriques distinctes, toutes dans la zone de la carotide. Encore impossible de savoir si elles ont été tirées en succession rapide, ou sur un laps de temps plus conséquent. En soi, ce genre d'arme ne peut bien sûr qu'immobiliser une victime pendant quelques minutes après chaque décharge, surtout dans le cas d'un homme de sa corpulence, mais comme tu peux le voir…

Il lève la main et j'enchaîne à sa place :

– Il n'y a aucune trace de buée sur les parois internes du sac plastique…

– Ce qui signifie que M. Fairbanks ne respirait déjà plus quand son agresseur lui a passé le sac sur la tête.

Je regarde la façon dont les extrémités ont été attachées autour du cou.

– Le sac est bien étanche ?

– Apparemment… Mais dans tous les cas de figure, notre victime était déjà morte – ou mourante – quand son agresseur a essayé de l'asphyxier.

– … Ou de nous faire croire à l'asphyxie.

– Exact.

Il attrape un bloc-notes posé à ses pieds et continue.

– Quant à l'heure présumée de la mort, elle est dans ce cas bien plus facile à établir qu'à l'ordinaire. Thermostat de la pièce réglé à 18 ºC. Rigidité mortuaire en phase décroissante. Sauf coupure de courant ou intervention humaine extérieure entre le décès et l'arrivée des premiers secours, je dirais que notre victime est morte hier soir, entre 22:00 et minuit.

– Tu penses pouvoir nous donner une fourchette encore plus précise ?

– Oui. Une fois que j'aurai examiné le corps à la morgue.

Je me redresse.

– Cause du décès ?

Il hésite.

– Si on exclut la mort par asphyxie, ou suite à toute blessure qu'on pourrait découvrir une fois le corps mis à nu ?

– Oui.

– Je dirais crise cardiaque. Directement ou indirectement provoquée par la série de décharges électriques.

Il balaie la pièce du regard.

– La soixantaine… Cigares… Alcool… Excès de poids… On parle ici de quelqu'un qui cumulait sérieusement les facteurs de risque. Sans compter le stress extrême qu'a dû générer une agression de ce genre.

Je regarde ma montre.

– Tu penses pouvoir transporter le corps d'ici combien de temps ?

– 30-40 minutes. Si c'est OK avec toi… J'aimerais le transférer sans avoir à détacher les liens qui maintiennent poignets et extrémités du sac plastique attachés, pour pouvoir tout bien examiner en stérile.

– Pas de problème. Appelle-moi si tu découvres quoi que ce soit avant de commencer l'autopsie.

– Je n'y manquerai pas.

– Merci.

Je me tourne vers Connie.

– Du tangible ?

– Oui. Deux empreintes digitales et des traces de sang.

Elle fait glisser une lampe à UV sur les couches de ruban adhésif autour du sac plastique, et deux empreintes se mettent à briller sur la surface gris argent.

Pouce et doigt ; espacés d'environ 10 centimètres.

– Ce sont les seules ?

– Oui. Aucune autre pour l'instant sur les parois externes du sac, ou sur les bandes de ruban adhésif autour des poignets. Mais on vient à peine de commencer.

Elle pose la lampe sur le sol et me fait signe de la suivre jusqu'à la salle de bains.

– Quant aux traces de sang, comme tu peux le voir…

Je m'arrête sur le seuil de la pièce.

– Elles sont récentes et peu conséquentes. Probablement le résultat d'une lacération mineure, ou d'un saignement de nez qui n'a guère duré.

Je compte une vingtaine de gouttes éparpillées sur le sol. Plus deux traînées sur le chambranle de la porte, à environ 1,70 m de hauteur.

– Possible qu'il ait été poussé, ou qu'il soit tombé, contre le montant ?

– Oui, d'autant plus que j'ai prélevé plusieurs cheveux blancs dans les traînées.

– Autre chose ?

– Non, pas pour l'instant.

– OK.

Je repasse dans la pièce principale et je me plante devant Keefe.

– Qu'est-ce qu'on a côté accès ?

– Aucun signe d'entrée par effraction. La porte était entrouverte quand Vaughn et Williams sont arrivés, mais le boîtier de sécurité ne semble pas avoir été forcé. Quant à la baie vitrée, hormis bien sûr le fait qu'on est au 35e étage… elle était verrouillée de l'intérieur, avec clé qui dépassait de la serrure.

– S'il te plaît, dis-moi que l'hôtel a bien un système de vidéosurveillance…

– Affirmatif. J'ai déjà contacté les deux personnes qui s'en occupent.

Il vérifie ses notes.

– Leslie Singh, le responsable de la sécurité de l'hôtel, et Dante Salomon, de celle du parking. Je leur ai demandé de nous préparer toutes les cassettes vidéo qu'ils pourraient avoir à leur disposition et de rester sur place pour que tu puisses leur parler dès que possible. J'ai aussi demandé à un officier du VPD de filmer la foule de badauds rassemblés à l'extérieur, et de nous faire une liste de toutes les caméras de vidéosurveillance qui pourraient se trouver autour du bâtiment. Feux de circulation, commerces, distributeurs de billets…

– Parfait.

– Quant à la raison pour laquelle notre victime a été tuée et peut-être torturée…

Il tend le bras vers la montre posée sur une des tables de chevet et continue.

– Je pense qu'on peut éliminer la théorie du cambriolage qui a mal tourné, et ce, pas seulement à cause de la Rolex.

Il plonge la main dans l'attaché-case posé sur le lit et en sort une série de documents.

– Inutile de préciser que Michael Fairbanks ne faisait pas partie des couches sociales les plus démunies de notre société…

Il étale le contenu d'un portefeuille et plusieurs pièces d'identité sur le dessus-de-lit.

– Collection impressionnante de cartes de crédit, environ 2 000 dollars en liquide, et une série de reçus dont chacun des montants dépasse largement celui de mon salaire mensuel.

Il me tend la souche d'un billet d'avion.

– À en croire ça, Michael Fairbanks venait juste d'arriver à Vancouver quand il a été attaqué.

Je lis la série d'informations imprimées sur le rectangle de papier.

FAIRBANKS/M. MR
FIRST CLASS
YYZ-YVR
FLIGHT AC 149
10 JAN 20:05
SEAT 02A

Puis je regarde les deux autocollants superposés à l'arrière.

– Il avait deux bagages en soute ?

– Oui. Et c'est le principal hic pour l'instant… Parce qu'on n'en a retrouvé qu'un…

Il me montre l'étiquette accrochée sur le sac de voyage : un autocollant de bagage en soute frappé du logo Air Canada. « AC 293819 », suivi par un code-barres.

Même vol : Toronto-Vancouver.

Je compare le numéro de référence avec ceux que j'ai entre les doigts.

– Le « AC 293818 » est manquant…

– Affirmatif. En tout cas, on ne l'a pas retrouvé dans la chambre.

– L'attaché-case n'avait pas d'étiquette ?

– Non. Et vu ce qu'il contenait – un ordinateur portable et des dossiers, en plus du portefeuille que je viens de te montrer –, je doute que M. Fairbanks ait voulu le mettre en soute. C'est en toute vraisemblance un sac qu'il a gardé avec lui, en cabine.

Je repense aux clés de voiture qui se trouvaient près du cendrier.

– Ce sont les siennes ?

Je tends un bras vers le trousseau.

– Pas encore eu le temps de vérifier. Mais si c'est effectivement le cas, possible que le sac manquant se trouve à l'intérieur du véhicule en question.

– Tu peux demander à Nick de s'en occuper dès qu'il arrive ?

– Pas de problème.

Je replace la souche de billet d'avion sur le lit et j'attrape le permis de conduire posé à côté du sac de voyage. Une pièce d'identité qui me permet de voir le visage de notre victime pour la première fois.

Cheveux blancs.

Yeux perçants.

Un vague sourire satisfait sur le visage.

– Qu'est-ce qu'on sait d'autre sur lui ?

Keefe feuillette les pages de son carnet avant de me répondre.

– Propriétaire d'un empire immobilier – Fairbanks Development – qui a des agences à travers tout le Canada. Résidence principale à Toronto. Louait cette chambre au mois depuis environ un an et faisait l'aller-retour entre Toronto et Vancouver en avion tous les vendredis et lundis soir. Divorcé. Pas d'enfant. Deux ex-femmes dont les âges additionnés sont inférieurs au sien.

– Et sur Duquesne ?

– Marié. Deux enfants. Originaire du Québec. Douze ans de boîte chez Fairbanks Development. Employé apparemment modèle.

– Tu peux faire, dès que possible, des recherches sur les comptes et les clients de Fairbanks Development ?

– Déjà sur ma liste.

Je regarde l'attaché-case et le téléphone de la victime.

– J'aimerais aussi que tu éjectes le disque dur de son ordinateur et la carte SIM de son portable pour étudier ce qu'ils contiennent, sans gêner le travail de Connie.

– En priorité ?

– Oui. Mais assure-toi d'abord qu'on a bien toutes les cassettes vidéo pour hier soir, et vois si tu peux les faire visionner par Craig, ou quelqu'un d'autre au labo audio-vidéo. Sinon, fais ça en premier.

– OK.

Je vérifie que Connie et Delgado n'ont rien à ajouter et, alors que je m'apprête à sortir de la pièce pour aller interroger notre principal « témoin », je repense brusquement à un détail.

Je lève les yeux vers la salle de bains et je me tourne vers Keefe.

– Les lumières étaient allumées quand Vaughn et Williams sont arrivés ?

Il vérifie des notes.

– Oui. Néon dans la salle de bains. Lampes de chevet et plafonnier dans la pièce principale.

– Et vous n'avez rien déplacé ?

– Non.

Je me plante devant la baie vitrée.

– On peut éteindre toutes les lumières pendant deux secondes ?

Keefe et Connie s'exécutent, et une fois la chambre plongée dans le noir complet, la paroi de verre change complètement de fonction.

Elle ne reflète plus ce qui se passe à l'intérieur de la pièce comme elle le faisait jusqu'à présent, mais la vue à couper le souffle qui s'étend à l'extérieur : un parterre de rues et de fenêtres allumées, encadré par la masse sombre du Pacifique et les cimes du North Shore.

Et je ne peux m'empêcher de penser que notre victime n'a probablement pas été ligotée à cet endroit précis par accident… Mais qu'elle s'est retrouvée entre les mains d'une, ou de plusieurs personnes, qui ne voulaient pas juste la tuer, mais qu'elle puisse aussi se voir mourir.

2.

COAST PLAZA HOTEL
1763 COMOX STREET
19:33

– Monsieur Duquesne ?

L'homme assis devant moi ne réagit pas. Il reste prostré – tête entre les mains, corps enfoncé dans un fauteuil en cuir – et je reprends, en haussant un peu la voix pour essayer d'attirer son attention.

– Monsieur Duquesne ?

Il relève enfin la tête, lentement, comme un enfant qui sort d'un mauvais rêve… Et j'ai la version en chair et en os de la description que Keefe vient de me faire. Un visage déformé par une anxiété extrême, rendu encore plus hagard par un nœud de cravate lâché et un col de chemise ouvert sur plusieurs boutons.

Mèches blondes ébouriffées, mâchoire carrée, yeux bleus… Auxquels s'ajoutent des épaules larges, qui semblent avoir du mal à trouver assez de place dans le costume ultraclassique qu'il porte.

– Monsieur Duquesne, mon nom est Kate Kovacs. Je dirige l'enquête sur la mort de M. Fairbanks…

– Je suis désolé… Je ne vous ai pas entendue arriver…

Il met un peu d'ordre dans ses cheveux et je m'assois face à lui.

– Monsieur Duquesne, je sais que mes collègues vous ont déjà lu vos droits et expliqué ce qui était en train de se passer…

– Oui. Vous pensez que… Que j'ai peut-être quelque chose à voir avec ce qui est arrivé à M. Fairbanks… Mais je peux vous l'assurer. J'ai juste découvert son corps, c'est tout. Rien de plus. Ce n'est pas moi qui… qui… Vous savez…

Je note ses yeux rouges, bouffis. Probablement par manque de sommeil ou par des larmes qu'il a versées avant mon arrivée.

– Monsieur Duquesne, j'ai besoin de vous poser plusieurs questions. Nous pouvons le faire ici, ou dans une des salles du commissariat central. C'est à vous de décider. Dans les deux cas, vous pouvez bien sûr réclamer la présence d'un avocat si vous le souhaitez.

– Non, c'est bon… Allez-y… Ici, maintenant.

– Vous êtes sûr ?

– Oui. Je n'ai rien à cacher.

Il sort un paquet de Marlboro et, en un éclair, cigarette et briquet sont entre ses doigts. Il pose le pouce sur la pierre à feu et avant que j'aie le temps de lui dire quoi que ce soit, se ravise et remballe brusquement le tout. En jetant un regard assassin vers le panneau NO SMOKING accroché au-dessus de nous.

– Monsieur Duquesne…

Je branche mon dictaphone et il se met à faire tourner le paquet de cigarettes nerveusement entre ses doigts.

– J'aimerais tout d'abord que vous me racontiez comment vous avez été amené à découvrir le corps de M. Fairbanks…

– J'avais rendez-vous avec lui cet après-midi, à 17:00, dans une des salles de réunion de l'hôtel. Je suis arrivé comme prévu, à l'heure exacte, mais il n'était pas là. J'ai attendu une bonne demi-heure et, en ne le voyant toujours pas arriver, je l'ai appelé sur son portable. Sans succès.

– Son portable était branché ?

– Oui. J'ai eu son répondeur, et je lui ai laissé un message. Et après ça, j'ai attendu… Et attendu.

– Pendant combien de temps ?

– Environ une heure, mais il ne m'a pas rappelé. Alors, j'ai téléphoné au club de golf de Burnaby, parce qu'il avait un tournoi là-bas cet après-midi… Et ils m'ont dit qu'ils ne l'avaient pas vu de la journée… Et c'est là que j'ai commencé à vraiment m'inquiéter. Je l'ai rappelé sur son portable, toujours sans succès, et j'ai décidé de voir s'il était dans sa chambre.

– Vous vous souvenez de l'heure à laquelle vous êtes monté ?

– Non, pas exactement. Mais il devait être dans les 18:00-18:10. Dans ces eaux-là.

– Et ensuite ?

– J'ai frappé à sa porte, plusieurs fois, mais personne ne m'a répondu. Alors j'ai essayé à nouveau de l'appeler sur son portable, et c'est là que tout s'est enclenché… J'ai entendu une sonnerie, à l'intérieur de la pièce, mais aucun autre bruit. Et j'ai de suite pensé qu'il avait dû avoir un problème. À cause de son état de santé.

– Quel état de santé ?

Il fronce les sourcils.

– Oh… Je pensais que vous le saviez… M. Fairbanks a eu une crise cardiaque il y a un peu moins d'un an. Il portait depuis un pacemaker, et avait pas mal de problèmes de santé…

Il baisse les yeux.

– M. Fairbanks fumait et buvait beaucoup plus qu'il n'aurait dû ?

– Oui. Et il avait tendance à finir ses soirées beaucoup trop tard, avec des femmes beaucoup trop jeunes pour lui.

Il se reprend, comme s'il regrettait d'avoir dit du mal de son ex-patron.

– Bref, j'ai pensé qu'il avait peut-être eu un malaise, ou pire, alors je suis entré.

– Comment ?

– J'ai une carte d'accès.

– Votre *propre* carte d'accès ?

– Oui. M. Fairbanks m'en a donné une, quand il a décidé de passer trois jours par semaine à Vancouver, c'est-à-dire il y a environ un an.

– Je peux vous demander ce qui a poussé votre employeur à vous donner accès à sa chambre d'hôtel ?

Il se racle le fond de la gorge et le paquet de Marlboro fait plusieurs sauts périlleux entre ses doigts.

– Je… J'ai souvent besoin de laisser ou de récupérer des dossiers dans la chambre de M. Fairbanks. Il pense… pensait que c'était beaucoup plus sûr que de les laisser à la réception, ou de les envoyer par courrier… Ce qui est plutôt ironique au vu de ce qui vient d'arriver… Mais c'est la raison pour laquelle j'ai une carte d'accès.

– Vous l'avez sur vous ?

– Non. Je l'ai donnée aux deux officiers qui sont passés me voir avant vous, ceux qui ont pris mes empreintes digitales.

– Monsieur Duquesne, avez-vous déjà prêté cette carte à quelqu'un ?

– Non. Jamais.

– L'avez-vous déjà perdue ? Égarée ? Même de façon temporaire ?

– Non plus.

– Quand vous l'avez introduite dans le boîtier de sécurité de la porte, tout a fonctionné normalement ? Vous avez réussi à entrer sans problème dans la chambre de M. Fairbanks ?

– Oui… Et c’est là que je l’ai vu… au… au milieu de…

Son corps se met à trembler.

– S’il vous plaît… Ne me faites pas revivre ça…

J’ai le plus grand mal à établir s’il est sincère ou non.

– Je suis désolée, mais j’ai vraiment besoin de savoir ce qui s’est passé ensuite.

Il ferme les yeux pendant plusieurs secondes, les dents serrées, et reprend, avec une attitude totalement différente. Avec une sorte de bravade un peu macho, comme celle qu’adoptent parfois les petits garçons qui veulent prouver qu’ils n’ont peur de rien.

– Je suis entré et j’ai trouvé M. Fairbanks assis, ligoté à une chaise au milieu de son salon. Il avait un sac plastique transparent sur la tête et ses mains étaient attachées entre elles, derrière le dossier, avec du ruban adhésif. Je me suis approché et j’ai essayé de voir s’il était toujours en vie.

– Comment ?

– J’ai posé une main sur son cou pour prendre son pouls.

– Vous avez posé vos doigts sur le ruban adhésif, ou à même la peau ?

Une vague de nausée traverse son visage.

– Sur… Sur le ruban adhésif, je crois. Mais je n’en suis pas sûr. Tout était comme dans un cauchemar, je n’avais même pas l’impression que c’était en train de m’arriver… Je me souviens d’avoir pris son pouls, sans rien trouver, et avoir réalisé qu'il était mort. Pas juste à ça… À la façon dont son corps était avachi… À la couleur de sa peau…

– Qu'avez-vous fait ensuite ?

– J'ai appelé le 911.

– Avec quel téléphone ?

– Celui de la chambre.

– Pourquoi ne pas avoir utilisé votre portable ?

– Je ne sais pas… C'est probablement le premier combiné que j'ai vu… Et juste après, c'est là que j'ai brusquement réalisé que M. Fairbanks n'était pas seulement mort, mais qu'il avait été assassiné, et j'ai complètement paniqué. Je suis sorti de la pièce en courant, de peur que… De peur que quelqu'un se trouve encore à l'intérieur de la chambre. Et je suis descendu le plus vite possible jusqu'au hall de l'hôtel.

Il ne reste aucun signe de la bravade qu'il avait essayé d'adopter quelques instants à peine.

– Monsieur Duquesne, j'ai besoin que vous réfléchissiez bien, avant de répondre aux questions que je m'apprête à vous poser.

Il hoche la tête, de plus en plus blême.

– Quand vous étiez à l'intérieur de la chambre de M. Fairbanks, avez-vous entendu le moindre bruit ? Senti la moindre présence ?

– N… Non.

– Avez-vous touché, bougé, quoi que ce soit ?

– Non.

– Quand vous êtes entré dans la chambre, les lumières étaient-elles allumées à l'intérieur ?

Il réfléchit.

– Oui, je crois. Je ne me souviens pas d'avoir eu à les allumer. Mais j'en ai peut-être allumé une de plus… Je n'en suis pas sûr.

– Laquelle ?

– Peut-être celle du couloir, avec l'interrupteur qu'il y a dans l'entrée.

– Mais la pièce principale n'était pas dans le noir complet quand vous êtes entré ?

– Non. Il y avait au moins une lumière allumée dans le salon. Peut-être plus…

– Et quand vous êtes sorti, avez-vous refermé la porte derrière vous ?

– Non… Je ne crois pas… Je crois que je l'ai juste tirée, mais pas refermée complètement.

– OK…

Je lui donne quelques secondes avant de reprendre.

– Monsieur Duquesne… Pouvez-vous maintenant me dire quand vous avez vu M. Fairbanks vivant pour la dernière fois ?

Il me regarde fixement. Paniqué.

– Hier soir.

– Où ?

– Dans le parking de l'hôtel.

– À quelle heure ?

– Autour de 23:00-23:10.

En plein dans le créneau horaire que vient de définir Delgado.

– Pour quelle raison avez-vous rencontré M. Fairbanks à cette heure-là, dans un endroit pareil ?

– Il m'avait demandé de l'y rejoindre, pour me transmettre un dossier.

– Un vendredi soir, à 23:00 ?

– Je ne suis pas devenu le bras droit d'un homme comme lui en bossant de 09:00 à 17:00, cinq jours par semaine.

Son ton aurait difficilement pu être plus cassant.

Je continue, comme si de rien n'était.

– Quand M. Fairbanks vous a-t-il donné ce rendez-vous ?

– En sortant de l'avion. Il arrivait toujours par le vol de 22:00.

– Et il vous a demandé de le rejoindre dans le *parking* de l'hôtel ?

– Oui. Pour perdre le moins de temps possible. Il voulait que j'y sois à 22:30 tapantes, mais il n'est arrivé qu'autour de 23:00. Il y avait apparemment des travaux et des embouteillages sur Granville Street.

– Quel dossier voulait-il vous faire passer ?

Il hésite.

– Il s'agissait d'un document confidentiel… D'une pièce à ajouter à l'un des contrats sur lesquels nous travaillons actuellement.

– Monsieur Duquesne, je vais avoir besoin de plus d'informations sur le sujet.

Il hésite de nouveau.

– Légalement, je peux uniquement vous dire qu'il s'agit d'un contrat immobilier, d'une proposition pour l'un de nos clients. M. Fairbanks voulait que j'y apporte des modifications.

– C'est pour cela que vous aviez rendez-vous ce soir ?

– Oui.

– Je peux vous demander combien de temps vous ont pris ces modifications ?

Il baisse les yeux.

– Une bonne partie de la nuit et toute la journée. D'où ma réaction initiale quand M. Fairbanks ne s'est pas montré.

– Ce contrat se trouve donc encore en votre possession ?

Je regarde le sac posé à ses pieds.

– Oui. Mais c'est la seule chose que j'ai demandé à vos collègues de ne pas toucher. Il s'agit de documents confidentiels, que je ne suis pas en mesure de faire circuler librement.

– Je comprends.

Un premier mandat à obtenir.

J'enchaîne.

– Monsieur Duquesne, quand vous avez vu M. Fairbanks dans le parking, avait-il l'air inquiet, perturbé par quelque chose ?

– Non. Il était tout à fait égal à lui-même. Passablement éméché, comme il l'est quasiment toujours à cette heure-là de la journée. Autoritaire. Et peut-être juste un peu plus de mauvaise humeur qu'à l'ordinaire.

– Vous savez pourquoi ?

Il a l'air gêné.

– Oui. Il était furax parce que, et je cite, le « Paki » qui l'avait conduit de l'aéroport à l'hôtel aurait dû emprunter une autre route pour éviter les travaux. Parce qu'il lui avait fait perdre quelques minutes… Ça, et il en avait aussi contre Salomon.

– Le responsable de la sécurité du parking ?

– Oui. À cause d'une histoire de sans-abri que je n'ai que très moyennement écoutée, et parce qu'il y avait des traces de doigts sur le capot de sa Jaguar.

– C'est le genre de choses auxquelles M. Fairbanks attachait beaucoup d'importance ?

– Oui. Parmi tant d'autres.

– Le chauffeur de taxi a donc déposé M. Fairbanks à l'intérieur du parking ?

– Oui, à quelques centimètres à peine de sa Jaguar. Afin qu'il puisse transférer son sac de golf d'un coffre à l'autre le plus facilement possible. Ou, plus exactement, que *je* puisse transférer son sac de golf d'un coffre à l'autre.

– Le sac en question avait-il une étiquette de bagage en soute ?

– J'imagine. Mais je n'ai rien remarqué. J'étais trop contrarié d'avoir à jouer le rôle du porteur.

– Vous avez donc touché le véhicule de M. Fairbanks ?

– Oui. Le coffre.

– Et ses clés de voiture ?

– Aussi, pour verrouiller la Jaguar.

– Que s'est-il ensuite passé ?

– Rien. M. Fairbanks est monté dans sa chambre, et je suis rentré chez moi.

– Directement ?

– Oui. Ma femme était furieuse que j'aie à ressortir ce soir-là. Je suis donc rentré le plus vite possible. Tellement vite que j'ai pris un PV pour excès de vitesse sur le Lougheed Highway.

– Vous avez été arrêté par une patrouille ?

– Oui. De la GRC[1]. J'ai encore le reçu de l'amende dans ma poche. Vous voulez le voir ?

– S'il vous plaît.

Il plonge la main dans la poche intérieure de sa veste et me tend le document en question.

Heure de l'infraction : 23:24. À plus de 20 kilomètres du Coast Plaza.

– Merci.

Je lui rends le document, après avoir noté le numéro de l'unité qui l'a verbalisé, et j'essaie de conclure.

– Juste une dernière question ?

1. Gendarmerie Royale du Canada.

– Allez-y.

– À votre connaissance, M. Fairbanks avait-il des « ennemis », des personnes qui auraient pu lui en vouloir ?

– Non. Il dirigeait sa compagnie d'une main de fer, mais ses employés étaient largement récompensés, financièrement, pour leur travail. Quant à ses clients, je n'en ai jamais vu un de franchement mécontent. M. Fairbanks n'était peut-être pas l'homme le plus cordial au monde, mais c'était un excellent homme d'affaires.

– Et du côté de sa vie privée ?

Il soupire.

– Il en avait tellement peu que je ne sais même pas qui devrait être contacté pour les arrangements… Vous savez… Avec le corps. Pour autant que je le sache, sa première femme est retournée vivre en Thaïlande, la seconde est « actrice » à Los Angeles, et il n'a jamais eu d'enfants. M. Fairbanks vivait pour cumuler contrats et argent. Le reste ne faisait guère partie de ses préoccupations.

– OK…

Je regarde ma montre.

– Voilà ce que nous allons faire, monsieur Duquesne… Je vais vous demander de rester ici, avec nous, pendant encore quelques heures, afin que nous puissions vérifier tout ce que vous venez de nous dire. Si tout colle, vous pourrez alors rentrer chez vous.

– D'accord.

Il a l'air trop crevé pour contester quoi que ce soit.

– Vous pouvez juste appeler ma femme pour la prévenir ? Elle doit croire que je suis encore au bureau…

– Pas de problème. Je vais demander à l'un de mes collègues de s'en occuper.

Je regarde le paquet de Marlboro toujours calé dans le creux de sa main.

– Je vais aussi m'arranger pour qu'on vous trouve un endroit où vous puissiez fumer.

– Merci. Vraiment…

Il me lance un sourire triste, et pour la première fois, je suis sûre qu'il s'agit là d'une réaction sincère.

3.

COAST PLAZA HOTEL
1763 COMOX STREET
19:57

– Agent Kovacs.

– Leslie Singh.

Le responsable de la sécurité du Coast Plaza me serre la main et m'invite à entrer dans son bureau en baissant poliment la tête.

– Après vous…

Il négocie les quelques pas qui le séparent de son plan de travail. Avec l'aide d'une canne, et l'assurance de quelqu'un qui ne s'est pas déplacé de ses propres moyens depuis un long moment.

– Asseyez-vous, je vous en prie…

Je prends place dans le fauteuil qu'il vient de m'indiquer et je le regarde s'asseoir de l'autre côté d'un bureau en bois sombre – entre bibliothèque remplie de livres anciens et murs couverts de tableaux de chasse exotiques. Un décor dans lequel ne choquerait pas du tout une tête d'animal empaillée.

– Agent Kovacs… Je ne sais comment vous exprimer mon choc et mon indignation au vu de ce qui vient de se passer.

Il coince le pommeau de sa canne contre l'un des accoudoirs. Puis se met à enchaîner une série de petits gestes nerveux qu'il doit répéter des dizaines de fois par jour sans jamais s'en rendre compte.

Il fait glisser un pouce le long de ses tempes grisonnantes, resserre les pans de son costume trois pièces, vérifie la symétrie de ses boutons de manchettes… Et même sans son look d'officier de l'armée indienne, période coloniale, on ne peut pas rater qu'il s'agit là d'un homme qui a élevé courtoisie, patience et discrétion au rang de vertus quotidiennes.

– Monsieur Singh…

Il se redresse sur son fauteuil. Comme si son attitude avait jusqu'à présent manqué d'une touche de respect supplémentaire.

– J'imagine que vous savez déjà ce que je m'apprête à vous demander.

– Oui. Vous voulez savoir comment l'un de nos clients a pu se faire assassiner dans l'une de nos chambres, sans que personne ait rien vu ni entendu. Et croyez-moi, c'est une question que je ne cesse de me poser depuis le moment où j'ai appris ce qui vient de se passer.

Il croise les mains sur son bureau et attend que je continue.

– Monsieur Singh, j'aimerais tout d'abord que vous m'expliquiez comment fonctionne le système de sécurité de votre établissement. Si mes informations sont correctes, vous avez à la fois un réseau de vidéosurveillance et un système de verrouillage automatique des portes plutôt sophistiqués... C'est exact ?

– Oui. Notre établissement a actuellement ce qui se fait de mieux en la matière. Nous avons un total de trente caméras braquées sur différents points stratégiques à travers l'hôtel, et un système informatique qui permet de détecter toute tentative d'entrée par effraction, dans la seconde qui suit.

– De quelle façon ?

– Le lecteur optique qui se trouve à l'entrée de chaque chambre est relié à un système informatique centralisé. Si une carte valide est introduite dans le boîtier, l'ouverture de la porte se fait automatiquement. S'il s'agit d'une carte non autorisée, ou périmée, une alarme est immédiatement déclenchée dans notre poste de sécurité.

– Ce genre d'incident arrive-t-il souvent ?

– Deux ou trois fois par mois. Mais jusqu'à présent, il ne s'est agi que d'erreurs sans la moindre conséquence. D'invités ou de membres du personnel qui se sont trompés de carte. Ou de bandes démagnétisées par accident.

– Vous pouvez me dire quand le dernier incident a eu lieu ?

– Bien sûr...

Il tape sur le clavier de son ordinateur et reprend après quelques secondes :

– Il y a environ trois semaines. Le 20 décembre, à 14:28.

– De quel type d'erreur s'agissait-il ?

Il repose les yeux sur l'écran.

– D'une femme de ménage dont la carte d'accès ne fonctionnait pas correctement.

– Dans quelle chambre voulait-elle entrer ?

– La 1512.

– Et aucune alarme n'a récemment été déclenchée dans la chambre 3501 ?

– Non.

Je note les informations qu'il vient de me donner sur mon carnet.

– Monsieur Singh, pour autant que vous le sachiez, ce système de verrouillage a toujours bien fonctionné ?

– Oui.

– Depuis combien de temps est-il installé ?

– Environ trois ans.

– Et, en ce qui concerne le réseau informatique auquel il est relié… Avez-vous jamais eu des problèmes ? De type virus, crash inexpliqué ?

Il laisse échapper un moment de gêne, qu'il efface aussitôt en adoptant un ton encore plus posé.

– Nous avons eu un problème de réseau, il y a peu de temps.

– De quel type ?

– Tous nos serveurs sont brusquement devenus inaccessibles.

– Vous vous souvenez de la date à laquelle cet incident a eu lieu ?

– Oui, il serait difficile de faire autrement… La panne en question a eu lieu pendant la nuit du réveillon du jour de l'an. Elle a commencé à minuit pile – ce qui nous a immédiatement fait penser à l'un de ces virus de type an 2000.

– Vous avez dû faire appel à une compagnie externe pour régler le problème ?

– Non, tout est rentré dans l'ordre après seulement une vingtaine de minutes.

– Sans que vous ayez rien à faire ?

– C'est exact.

Je continue à noter ses réponses.

– Monsieur Singh, pourriez-vous maintenant m'expliquer comment sont réparties les trente caméras de vidéosurveillance dont vous venez de me parler ?

– Naturellement…

Il attrape un document roulé près de son ordinateur et l'étale sur son bureau.

– Voici un plan de notre établissement…

Je balaie du regard la multitude de lignes qui se coupent et se recoupent devant moi.

Hôtel : 35 étages, 269 chambres.

Parking : trois sous-sols, avec entrée et sortie qui donnent sur Comox Street.

– Comme vous pouvez le voir, nous avons une surface plutôt importante à couvrir…

Il pose le doigt sur l'un des petits points rouges rassemblés tout en bas du document.

– Ce qui explique pourquoi nous avons choisi de concentrer nos points de surveillance sur deux secteurs bien précis : le hall d'entrée de l'hôtel et les différents points d'accès au bâtiment.

– Vous n'avez *aucune* caméra de vidéosurveillance installée au-dessus du rez-de-chaussée ?

Ma question semble un peu le surprendre.

– Non. Il s'agirait là d'un exercice à la fois inutile, puisque toute personne qui veut accéder aux étages doit d'abord passer par le hall d'entrée, et d'une certaine façon, déplacé, vu le type de clients qu'attire notre établissement.

– Qui considéreraient la présence desdites caméras comme une intrusion dans leur vie privée.

Il acquiesce.

– Il y a une grande différence, agent Kovacs, entre une caméra de vidéosurveillance braquée sur un hall d'entrée dans lequel se croisent chaque jour des dizaines et des dizaines de personnes, quasiment considéré comme un lieu public, et un couloir qui mène à sa propre chambre. Un endroit dans lequel on aimerait se sentir en intimité – et ce, que l'on soit seul ou accompagné.

– Je comprends.

J'étudie le plan de plus près et je remarque l'absence de points rouges en dessous du rez-de-chaussée.

– Vous n'avez pas non plus de caméras dans les sous-sols du parking ?

Il serre les dents.

– Si, il y en a… Mais elles ne dépendent pas de nous.

– Qu'est-ce que vous voulez dire par là ?

– Le « parking de l'hôtel » ne nous est pas réservé. C'est un parc de stationnement également utilisé par les clients et le personnel du Denman Mall – le centre commercial qui jouxte notre immeuble. Sa sécurité est assurée depuis environ dix ans par une compagnie privée : First Watch. Je sais qu'ils ont leur propre réseau de vidéosurveillance, mais je n'y ai pas accès.

Je regarde le plan.

– Comment vos clients passent-ils du parking à l'hôtel ?

– Grâce à ces deux ascenseurs…

Il me montre les conduits sur le plan.

– Ils vont du rez-de-chaussée du parking, ou niveau –1, jusqu'au hall d'entrée de l'hôtel.

– On ne peut pas passer directement du parking aux étages ?

– Non. Heureusement.

Il enchaîne vite la même séquence que tout à l'heure : tempes – gilet – boutons de manchettes.

– Monsieur Singh ? Vous pensez que la sécurité du parking n'est pas aussi efficace qu'elle pourrait l'être ?

– C’est une façon très polie de formuler les choses.
– Vous pouvez m’en dire plus ?
Il hésite.
– Disons simplement que leur définition du mot « sécurité » n’est pas exactement la même que la nôtre… Ils font leur travail, en tout cas je l’espère, mais sans plus. Plusieurs de nos clients se sont plaints de l’état du parking, de sa propreté douteuse et du manque de courtoisie de son personnel.
Je regarde de nouveau le plan.
– À part les deux ascenseurs, existe-t-il d’autres points de passage entre hôtel et parking ?
– Non. Il y avait autrefois une sortie de secours, mais elle a été condamnée quand la sécurité du parking a été confiée à First Watch.
– Vous pouvez me montrer où elle se situait ?
– Ici…
Il pose un doigt sur le plan.
Porte PK3. Angle du niveau –1. Entre le parking et l’escalier de secours qui monte aux étages de l’hôtel.
Je suis les contours de la zone en question et je tombe sur une autre porte : même palier, ouverture sur l’extérieur… Il est donc théoriquement possible de passer du parking à l’hôtel, puis de l’hôtel à l’extérieur en quelques mètres à peine.
– Ces deux portes sont-elles protégées ?
– Oui. Par des boîtiers de sécurité identiques à ceux qui contrôlent l’accès à nos chambres. En cas d’in-

cendie, nos clients peuvent bien sûr sortir, mais personne ne peut *entrer* dans l'escalier de secours sans carte magnétique de type « passe ». Quelque chose que seuls les membres de notre personnel possèdent.

– Mais pas ceux du parking.

– Sûrement pas.

Je remarque l'absence de points rouges autour des deux portes.

– Vous n'avez pas de caméras braquées sur le palier ou sur l'extérieur ?

– Non. Cela n'est pas nécessaire. Nos issues de secours ne s'ouvrent qu'en cas d'incendie. Elles sont contrôlées, comme le reste de nos portes, par un réseau informatique.

– Et celle qui a été condamnée ?

– Je ne sais pas. Mais je doute que First Watch se soit donné la peine de couvrir une issue de ce type.

Je souligne plusieurs fois les mots *sortie de secours* sur mon calepin et j'enchaîne.

– Monsieur Singh, nous allons avoir besoin de toutes les informations que vous pouvez nous donner sur vos employés et sur les clients qui résidaient dans votre établissement la nuit dernière.

– Je me doutais bien que vous alliez me demander ça…

Il me tend un CD, glissé dans une pochette plastique.

– Je vous ai fait une copie des dossiers des membres de notre personnel – qui inclut fiches d'identité et empreintes digitales.

– Vous avez les empreintes digitales de vos employés ?

– Oui. Cela fait partie de nos conditions d'embauche. Ça, et une enquête poussée sur le profil, personnel et professionnel, de chaque candidat. Nous vérifions bien sûr qu'aucun de nos employés potentiels n'ait de casier judiciaire et nous contactons systématiquement tout autre employeur qu'ils auraient pu avoir auparavant. Et ce, des femmes de ménage aux chefs de nos restaurants. La sécurité est quelque chose que nous prenons très au sérieux, agent Kovacs. Ce qui rend le meurtre de M. Fairbanks encore plus intolérable à nos yeux.

Il serre un poing.

Le premier geste de frustration – ou de colère – que je le vois faire ouvertement.

– Je vous remercie pour le CD.

– De rien. Je me dois par contre d'insister sur le fait qu'il s'agit là d'informations extrêmement confidentielles, et j'apprécierais que vous les traitiez avec toute la discrétion qui se doit.

– Je n'y manquerai pas.

– Quant aux identités des personnes qui résidaient dans notre établissement la nuit dernière, il va me falloir vous demander un mandat.

– Je comprends. Nous vous contacterons dès que nous l'aurons.

Je range le CD dans mon sac et je continue.

– Monsieur Singh, j'aimerais juste finir par quelques questions sur M. Fairbanks…

Il a soudain l'air très mal à l'aise.

– Pourriez-vous tout d'abord me dire depuis combien de temps il louait la chambre 3501 ?

Il tape de nouveau sur le clavier de son ordinateur.

– 11 mois et 21 jours. En comptant la nuit dernière…

– Il s'agit bien d'une des chambres les plus luxueuses de votre établissement ?

– C'est exact. Les trois derniers étages de l'hôtel sont réservés à nos clients privilégiés, avec toutes sortes de prestations à la clé.

– Comme ?

– Une approche personnalisée, une place de parking réservée et des services qui vont de la réservation de billets d'avion à la préparation de repas gastronomiques à toute heure du jour et de la nuit. Sans compter, bien sûr, les meilleures vues qui soient sur la ville et ses environs.

– M. Fairbanks n'a jamais changé de chambre pendant la durée de son séjour ?

– Non. Il est toujours resté dans la 3501.

– Il avait combien de cartes d'accès ?

Il jette un coup d'œil vers son écran.

– Deux.

– Vous pouvez me dire quand sa chambre a été nettoyée pour la dernière fois ?

– Mardi matin, comme d'habitude, pendant les heures qui ont suivi son départ.

– Vous savez si l'un des membres de votre personnel a eu un contact avec M. Fairbanks entre le moment où il est arrivé, vendredi soir, et le moment où son corps a été découvert ?

– C'est l'une des premières choses que j'ai vérifiées, et la réponse est non. Un petit déjeuner a été posé devant sa porte à 09:00 précises, ce matin, comme il est spécifié dans ses préférences culinaires, mais il ne l'a pas touché. Une pancarte DO NOT DISTURB était accrochée à sa porte, et elle a été respectée.

– Aucun employé n'est donc entré dans la chambre 3501, entre le moment où elle a été nettoyée et ce soir ?

– Non.

– Et aucune alerte d'entrée par effraction n'a été déclenchée dans la nuit de vendredi à samedi ? Dans la chambre de M. Fairbanks ou dans une autre chambre ?

– Non. C'est la première chose que je vous aurais dite.

Je continue, malgré le ton légèrement contrarié que vient de prendre mon interlocuteur.

– À votre connaissance, M. Fairbanks a-t-il été impliqué dans un incident, si mineur soit-il, alors qu'il résidait dans votre établissement ?

– De quel type ?

– Altercation avec l'un des membres du personnel, ou avec un autre client ?

– Non, pas à ma connaissance, mais je ne serais guère surpris si cela s'avérait avoir été le cas.

Il ferme les yeux et se reprend vite.

– Veuillez m'excuser. Je n'aurais jamais dû vous dire ça.

– M. Fairbanks n'était pas un client facile ?

– Non.

– Vous avez eu des problèmes précis avec lui ?

Il hésite.

– Cela peut rester entre nous ?

– Si cela n'a rien à voir avec cette enquête, oui.

Il caresse le pommeau de sa canne pendant un long moment avant de reprendre.

– Disons juste que M. Fairbanks n'appréciait guère la couleur de ma peau. Et qu'il ne faisait aucun effort pour le cacher.

Il lit immédiatement le dégoût que je ressens pour ce genre de comportements.

– Ne vous inquiétez pas... En cinquante-deux ans d'existence, c'est quelque chose dont j'ai malheureusement pris l'habitude... Et ça ne m'a jamais empêché de faire mon travail.

Je referme mon carnet et je passe mon sac sur l'épaule.

– Encore une fois, merci pour votre aide...

– C'est le moins que je pouvais faire. Et surtout, n'hésitez pas à me contacter si vous avez la moindre question.

– Je n'y manquerai pas.

Il se lève et met plusieurs secondes avant de retrouver son équilibre, en combinant canne et rebord du bureau.

– Agent Kovacs ? Je peux vous demander une faveur ?

– Allez-y.

– Si jamais vous veniez à découvrir, même de façon officieuse, le point d'accès que le tueur a utilisé… Pourriez-vous me le communiquer ? Afin que nous puissions parer à toute autre agression potentielle ?

– Vous avez ma parole.

Et j'attends qu'il traverse péniblement la pièce pour m'ouvrir la porte. Absolument certaine que ce geste fait partie des choses auxquelles il attache la plus grande importance.

4.

COAST PLAZA HOTEL
1763 COMOX STREET
20:24

Après l'atmosphère feutrée du bureau de Leslie Singh, le parking du Coast Plaza me semble beaucoup plus sordide qu'il ne l'est en réalité.

Un immense sous-sol comme il en existe tant d'autres, saturé d'oxyde de carbone et de béton, avec juste assez de lumière pour faire briller les taches d'huile et d'essence qui défilent sous mes pas.

Je fais vite correspondre le plan que le responsable de la sécurité de l'hôtel vient de me montrer avec les zones en train d'apparaître devant moi. Et j'arrive devant les trois qui m'intéressent.

1) La porte PK3, coincée dans un des angles. Signe EXIT éteint, recouvert d'un morceau de carton qui ne cache qu'une partie des lettres.

2) La Jaguar garée dans la section réservée aux clients privilégiés – angle opposé – en train d'être examinée par Nick et une équipe d'experts scientifiques.

3) Et la cabine de surveillance posée entre les deux. Tôle ondulée, dans les 4 mètres sur 3. Avec porte et paroi vitrée qui donnent sur une série de barrières automatiques.

« Tout va bien ? »

Nick me répond en levant à son tour un pouce... Et alors que je m'apprête à frapper à la porte de Dante Salomon, elle s'ouvre brusquement – et il apparaît.

– Vous êtes l'agent à qui je dois parler ?

Une bonne tête de plus que moi, dans les 35-40 ans, crâne noir rasé, physique de bodybuilder, et ce regard menaçant qu'ont les gens qui pensent avoir le droit de tout faire si on leur manque de respect.

– Agent Kovacs, CSU.

Je lui montre ma plaque.

Il me dévisage longuement au lieu de la regarder.

– Vous êtes monsieur Salomon ?

– Oui. Responsable de la sécurité de ce parking.

Je jette vite un coup d'œil vers la pièce qui s'étend derrière lui : mur d'écrans vidéo, ordinateur, boîtes de pizza vides, calendrier Playboy. Aucune surprise jusque-là.

– Vous voulez me parler de M. Fairbanks, c'est bien ça ?

– Oui.

Il croise les bras et reste planté sur le seuil de sa cabine, aussi efficace qu'un panneau ENTRÉE INTERDITE.

– Monsieur Salomon…

Je sors mon carnet et il fait grossir un peu plus ses muscles sous les coutures de son uniforme.

– J'imagine que vous savez déjà que M. Fairbanks vient d'être retrouvé mort dans sa chambre.

– Oui. Terrible tragédie…

– Vous le connaissiez bien ?

– Assez. J'ai eu affaire à lui plusieurs fois. Fairbanks. Jaguar VPE 614. Emplacement 3501.

– Quand l'avez-vous vu pour la dernière fois ?

– Hier soir.

– À quelle heure ?

– Autour de 23:00. Il est arrivé en taxi, comme il le faisait chaque vendredi, juste un peu plus tard que d'habitude.

– Vous avez remarqué le nom de la compagnie ?

– Black Top Cabs.

Il bombe le torse et les boutons de sa veste donnent l'impression de pouvoir sauter à tout moment.

– Vous avez vu ce que M. Fairbanks a fait après être sorti de son taxi ?

– Oui. Il a retrouvé M. Duquesne, qui l'attendait dans sa Lexus. La neuve, la rouge décapotable, celle qu'il n'a que depuis quelques semaines. Ils ont échangé des documents, et M. Fairbanks a demandé à M. Duquesne de transférer son sac de golf du taxi à la Jag. Et après ça, il est monté dans sa chambre.

– Qu'est-ce que M. Duquesne a ensuite fait ?

– Il est parti.

– Immédiatement ?

– Oui.

– C'est la première fois que vous voyiez M. Fairbanks et M. Duquesne se retrouver ainsi ?

– Non. Ils l'ont déjà fait plusieurs fois. Toujours pour échanger des documents.

– Quel genre de documents ?

– Des enveloppes en papier kraft, ou de gros dossiers.

– Vous avez déjà vu M. Duquesne *sans* M. Fairbanks dans ce parking ?

– Oui. Des dizaines de fois. Il se gare souvent en tant qu'invité pour récupérer – ou déposer – des trucs dans la Jaguar de M. Fairbanks.

– Comme ?

– Documents, sac de golf, papiers dans la boîte à gants… Ce genre de choses.

– Vous avez déjà vu M. Duquesne conduire la Jaguar de M. Fairbanks ?

– Non. Jamais.

– OK…

Je passe à l'aspect sécurité de l'endroit.

– Monsieur Salomon, vous pouvez me dire combien de caméras de vidéosurveillance sont actuellement en service à l'intérieur de ce parking ?

– Huit.

– Elles fonctionnaient toutes hier soir ?

– Oui. J'ai déjà donné tous les enregistrements que j'avais à l'un de vos collègues.

Je lui montre la porte PK3.

– Cette porte est-elle couverte par l'une de vos caméras ?

– Non. Elle est condamnée depuis des années.

– Je pensais qu'elle pouvait être ouverte, avec une carte « passe » de l'hôtel ?

– C'est exact. Mais nous n'avons pas accès à ce genre de cartes.

– Le boîtier de sécurité fonctionne donc encore ?

– Oui. C'est une porte que nous ne considérons plus comme une sortie de secours réglementaire. C'est la raison pour laquelle, comme vous pouvez le voir, le signe qu'il y a juste au-dessus a été éteint et camouflé.

Son ton est à la limite de la condescendance.

– Vous avez vu quelqu'un utiliser cette porte récemment ?

– Non. Je viens de vous le dire. Elle est condamnée.

Les veines de son cou se mettent à palpiter. Et je n'ai rien fait de plus que de lui poser poliment quelques questions.

– Vous pouvez me décrire la nature de votre travail dans ce parking ?

– Je suis responsable du personnel et surveillant en chef des gardes de nuit.

À l'entendre, on pourrait croire qu'il est responsable de la sécurité d'un petit pays.

– Vous êtes bien employé par une compagnie de sécurité ? First Watch ?

– C'est exact.

– Vous avez accès à des armes, en tant que gardien de nuit ?

Il éclate de rire.

– Pour tuer des rats ?

– Je voulais parler d'armes de type « défense », d'armes électriques…

Il me regarde droit dans les yeux. Goguenard.

– Non.

– OK…

Je change de page.

– Quand vous avez vu M. Fairbanks hier soir, avait-il un comportement « normal » ? Comparé aux autres fois où vous avez eu affaire à lui ?

La pupille de ses yeux se rétrécit et son cou se gonfle encore plus.

– Vous voulez dire : était-il de mauvaise humeur ? En train de traiter tous ceux qui l'entourent comme des esclaves ? En dispensant de-ci de-là quelques insultes racistes, pour pimenter le tout ?

Je ne dis rien et il enchaîne.

– Oui. Il avait un comportement « normal ». Il a copieusement insulté le chauffeur de taxi, qui, comme c'est bizarre, n'avait ni les yeux bleus, ni les cheveux blonds. Il a demandé à M. Duquesne de lui servir de porteur. Et il m'a fait remarquer qu'un sans-abri dormait près de l'entrée du parking, ce qui, selon lui, était absolument inadmissible. Bref, il était tout à fait égal à lui-même.

– Vous avez entendu ce que M. Fairbanks et M. Duquesne se sont dit ?

– Juste dans les grandes lignes… M. Fairbanks a donné des ordres, et M. Duquesne lui a obéi.

– Ils ne se sont rien dit de particulier ? Quelque chose qui aurait pu être considéré comme déplacé ?

– Non. C'est toujours comme ça qu'ils se parlent. Rien à signaler de ce côté-là non plus.

Je fais bien attention à la formulation de mes prochaines questions.

– Monsieur Salomon, vous pouvez m'expliquer comment fonctionnent les tours de garde dans ce parking ?

– C'est très simple : nous faisons les trois-huit. Je suis généralement de service de 22:00 à 06:00, mais il m'arrive de couvrir d'autres plages horaires. Cela dépend du nombre d'employés – permanents et temporaires – que nous avons à un moment donné.

– Au total, combien de personnes assurent la sécurité de ce parking ?

– Quatre de façon permanente. Deux ou trois de façon temporaire, qui travaillent exclusivement pendant les périodes de pointe comme Noël ou les vacances d'été. Pendant les périodes creuses, on se relaie pour assurer des tours de garde individuels.

– Et hier soir…

– Était une période creuse.

– Vous avez donc travaillé seul ?

– Oui.

– De quelle heure à quelle heure ?

– 22:00 à 06:00.

– Vous vous êtes absenté ?

– Pardon ?

– Êtes-vous monté dans l'hôtel ? Avez-vous quitté votre poste de surveillance pour une raison ou pour une autre ?

– Qu'est-ce que vous êtes en train d'insinuer ?

Il fait instinctivement un pas dans ma direction et s'arrête net.

Les poings serrés.

Les yeux brillants de colère.

– Vous êtes en train de sous-entendre que j'ai quelque chose à voir avec la mort de M. Fairbanks ?!

– Non. J'ai juste besoin de savoir où vous vous trouviez hier soir, entre 23:00 et minuit.

– Ici.

– Vous avez un moyen de le prouver ?

Si je n'avais pas un badge de police accroché à la ceinture, et plusieurs témoins à quelques mètres à peine, il m'aurait probablement déjà plaquée contre un mur.

– Oui, j'ai un moyen de le prouver, agent Kovacs… Vous n'avez qu'à demander à tous les clients qui ont utilisé ce parking hier soir. La lumière de ma cabine était allumée, et j'imagine que plusieurs d'entre eux m'ont vu. Et si cela ne vous suffit toujours pas, vous n'avez qu'à vérifier les dizaines de caméras branchées à travers l'hôtel. Cela ne doit pas être trop difficile, pour un flic comme vous, de repérer un bon Black de service comme moi !

– Cela n'a rien à voir avec…

– Vraiment ??

Il secoue plusieurs fois la tête et se met à reculer.

– Parce que c'est bizarre, justement, que vous ayez vous aussi des yeux clairs et un bon nom de Boche. C'est tout ce que vous vouliez savoir ?

Il attrape le battant de sa porte et avant que j'aie le temps de lui répondre, braque violemment un index dans ma direction.

– Parce que vous savez ce que je pense, moi ? Que vous avez 35 étages de suspects potentiels, mais non ! Qu'est-ce que vous faites ? Vous vous acharnez sur le mec qui bosse 50 heures par semaine ! C'est toujours pareil ! Si on peut se payer une chambre d'hôtel quatre étoiles, tout vous est dû ! Et si vous voulez mon avis, ce n'est pas moi qui irai pleurer sur la tombe de Monsieur-regardez-comme-elle-est-belle-ma-jolie-Jaguar. Parce que ça fait au moins un raciste friqué de moins sur la planète !

Et il me claque la porte au nez – en faisant trembler la structure entière de sa cabine.

– Je vois que tu as réussi à tisser des liens particulièrement amicaux avec notre cerbère de service…

– Sans commentaire.

Nick me regarde en souriant et fait semblant de retrousser ses manches.

– Tu veux que j'aille lui casser la gueule ?

Je souris à mon tour.

– Non. Merci.

Il pose une main sur mon épaule et me montre la Jaguar garée derrière lui.

– Résultat des courses ?

– S'il te plaît.

Il s'écarte du véhicule et me le présente, comme s'il s'agissait d'un modèle d'exposition.

– Jaguar XJ. Modèle Vanden Plas. Carrosserie bleu métallisé et fauteuils en cuir blanc. Année de mise en circulation : 2002. Kilométrage tellement ridicule qu'elle n'a dû servir qu'à parader le long de Denman Street.

Il ouvre le coffre et continue.

– Sac de golf Callaway, flambant neuf. Rempli d'une panoplie de clubs impeccablement nettoyés. Étiquette accrochée autour d'une des poignées : AC 293818. Apparemment le bagage en soute qui nous manquait…

Il se redresse et enchaîne.

– Rien à signaler sur les sièges ou sur la plage arrière. Quelques documents à l'intérieur de la boîte à gants : reçus de station-service, manuel d'entretien, plan de Vancouver, et une carte de Colombie-Britannique qui semble n'avoir jamais servi.

Puis il pointe le doigt vers la plaque d'immatriculation et je remarque au passage le RESERVED / 3501 peint à même le sol juste en dessous.

– Véhicule enregistré au nom de Michael A. Fairbanks, adresse du Coast Plaza. On a déjà fait un premier examen au Luminol, et que dalle. Aucune trace de sang ou de résidus suspects. Sauf surprise de taille au labo, cette voiture n'a pas l'air d'avoir grand-chose à voir, matériellement, avec ce qui s'est passé à 35 étages d'ici.

– OK…

Je sens mon portable vibrer et je continue tout en l'attrapant.

– Tu peux essayer de contacter toutes les personnes qui travaillent dans le parking ? Employés de sécurité, personnel de nettoyage ? Et plus particulièrement toute personne qui aurait travaillé avec Dante Salomon ?

– Sans problème.

J'appuie sur la touche RÉPONDEUR.

– C'est à toi qu'il a passé les cassettes vidéo de surveillance du parking ?

– Non. À Craig. Il est déjà retourné dans son labo pour commencer à les visionner.

– Parfait.

Je colle le combiné contre mon oreille et la voix métallique de ma boîte vocale est remplacée par celle d'Eric Delgado.

« Kovacs… On a du nouveau. Tu peux passer à la morgue dès que tu peux ? C'est important. »

5.

VANCOUVER GENERAL HOSPITAL
899 WEST 12TH AVENUE
21:42

– Encore une fois, désolé pour le délai, mais on n'avait vraiment aucune chance de pouvoir le détecter tant que ses poignets étaient attachés.

Eric Delgado m'entraîne à travers le dédale de couloirs qu'est la morgue du VGH et pousse la porte d'une des salles d'autopsie.

– Prête ?

J'acquiesce et j'ajuste la position du masque de protection que je viens d'enfiler – deux coups secs sur les lanières en élastique, légère pression sur la bande de métal qui épouse l'arête de mon nez. Puis je m'avance vers la table en acier sur laquelle repose le corps de Michael Fairbanks... Dénudé. Recouvert d'un drap blanc qui ne laisse dépasser que la tête et les épaules : un visage grisâtre et figé. Totalement différent de celui teinté d'arrogance qui figure sur son permis de conduire.

– Tu as le temps pour une version détaillée ?

– Affirmatif.

Le légiste attrape l'un des dossiers posés sur son plan de travail et enchaîne, sans perdre une seconde.

– On commence par les résultats toxico ?

– Si tu veux.

Il fait tourner plusieurs pages entre ses doigts et reprend.

– Taux d'alcoolémie... Élevé, mais pas mortel. 2,42 g/l, c'est-à-dire assez pour affecter de façon significative son comportement et son temps de réaction, mais pas pour lui faire perdre connaissance ou le plonger dans un coma éthylique. Aucun signe d'intoxication supplémentaire à signaler. Mais plusieurs éléments qui indiquent que M. Fairbanks ne menait pas exactement une vie d'ascète...

Il change de page.

– On a radiographié le corps, et dans ce cas précis, inutile de te faire de longs discours...

Il se retourne, appuie sur le clavier d'un ordinateur placé derrière lui, et un cliché radiographique apparaît sur l'écran.

Poumons sclérosés.

Foie hypertrophié.

Le genre d'images que les grandes compagnies de tabac et d'alcool de ce monde n'ont guère envie d'utiliser dans leurs campagnes de pub.

Je soupire et je repose mon regard sur Delgado.

– Vous avez réussi à obtenir son dossier médical ?

– Non, pas encore. Mais on a suivi la piste de l'infarctus que tu nous avais donnée, et Michael Fairbanks a bien eu un accident cardio-vasculaire majeur il y a environ neuf mois. Urgences du Toronto General Hospital. On attend que leur service d'archives nous envoie une copie complète de son dossier pour avoir plus de détails.

– Tu nous préviens dès que tu l'as ?

– Pas de problème. Mais je peux déjà te dire que M. Fairbanks ne se préparait pas de vieux jours très heureux… Avec des symptômes pareils, il allait tout droit vers une deuxième crise cardiaque, un cancer des poumons, une cirrhose du foie. Voire une combinaison des trois. Mais ce n'est pas pour cela que je t'ai demandé de venir…

Il pose de nouveau les mains sur le clavier et, malgré le masque qui recouvre une bonne partie de son visage, je peux sentir qu'il est beaucoup plus tendu qu'à l'ordinaire.

– Quand on s'est mis à examiner le corps en conditions stériles, on a tout d'abord découvert une blessure mineure : une lacération récente au niveau du cuir chevelu, juste en dessous de la plaque occipitale droite – qui pourrait expliquer le sang que Connie a trouvé dans la salle de bains. Puis plusieurs ecchymoses sur les parois de la cage thoracique…

Une nouvelle série d'images apparaît sur l'écran. Cette fois-ci, des photos digitales montrant les différentes étapes et blessures qu'il vient de mentionner.

– Comme tu peux le voir, les ecchymoses correspondent à des empreintes de mains : contours de pouces et de doigts bien définis. À ce stade, je dirais qu'il y a toutes les chances que quelqu'un ait traîné le corps de Michael Fairbanks, probablement pour le déplacer, en l'attrapant par le torse. La taille et le dessin des mains laissent à penser qu'il s'agit d'un homme, plutôt grand et musclé. Avec un détail un peu étrange à noter : l'homme a appuyé beaucoup plus fort sur le flanc droit de sa victime que sur le gauche.

– Pour guider le corps alors qu'il le traînait ?

– Possible. Ou parce que l'agresseur avait plus de force dans le bras droit que dans le gauche. Ce qui est parfois le cas chez certains athlètes de haut niveau.

– Aucune chance que ce soit des blessures anciennes ? Des ecchymoses qui n'ont rien à voir avec ce qui s'est passé dans la chambre ?

– Non. Elles sont certes pre-mortem, mais pas de beaucoup. Elles datent d'à peine quelques minutes avant la mort. Et elles ne correspondent ni au résultat d'un massage de réanimation cardiaque, ni à des traces de coups.

– Tu penses toujours que la cause du décès est un arrêt cardiaque, de type infarctus ?

– Oui. On n'a retrouvé absolument aucun indice, physique ou chimique, qui pourrait expliquer autrement la mort. Mais je ne peux bien sûr rien te donner de définitif avant d'avoir fini l'autopsie.

– Violences sexuelles ?

– Non.

– Signes de torture ?

– Non plus. Sauf si l'on compte les décharges électriques... Mais je ne pense pas que leur but était d'infliger de la douleur. Si bizarre que cela puisse paraître, j'ai vraiment l'impression que la personne qui a tué M. Fairbanks a essayé d'utiliser le moins de violence possible... Ça et qu'elle a dû mettre un bon moment avant de réaliser que sa victime était morte – ou qu'elle voulait s'assurer à tout prix qu'elle n'ait *aucune* chance de s'en sortir.

– Qu'est-ce que tu veux dire par là ?

Il hésite avant d'enchaîner, mal à l'aise comme le sont parfois les scientifiques à qui on demande d'avancer une théorie qu'ils n'ont pas encore eu le temps de prouver.

– Le sac n'était pas juste étanche. Il a été scellé autour du cou avec plusieurs couches de ruban adhésif – cinq pour être exact. Et pas à la va-vite... Méticuleusement, avec une précision qui demande à la fois du temps et de la concentration. Et ce alors même que la victime ne respirait déjà plus...

– *Overkill*[1].

– C'est le moins qu'on puisse dire.

– Tu penses que l'attaque a duré combien de temps ?

1. Mise en œuvre de moyens superflus pour arriver à un but.

– C'est difficile à dire… Mais en supposant que Michael Fairbanks a tout d'abord été attaqué dans la salle de bains, puis traîné jusqu'au salon… Je dirais dans les cinq-dix minutes, minimum. En raison de la corpulence de la victime – qui n'a pas dû être facile à déplacer – et du degré de précision extrême qu'a utilisé l'agresseur.

Il pointe un doigt vers le cou du cadavre.

– Tu te souviens des points rouges que je t'ai montrés tout à l'heure dans la chambre d'hôtel ?

Je hoche la tête.

– Eh bien, on en a retrouvé trois paires de plus, *sous* le ruban adhésif. Ce qui nous fait sept décharges électriques au total. Toutes situées dans la même zone : carotide, jugulaire et nerfs pneumogastriques. Un endroit certes idéal pour immobiliser une victime, mais pas pour lui infliger une douleur extrême.

– On a un moyen de pouvoir identifier le type d'arme qui a été utilisé ?

– Pas à la marque près. Mais j'ai déjà rétréci le champ de possibilités : il s'agit d'une arme électrique de défense de type Stun Master. Électrodes espacées de 3,5 centimètres. Décharges de haut voltage. Il en existe une dizaine de modèles actuellement en vente sur le marché nord-américain. Et encore une fois, on ne parle pas ici d'un gadget qu'on accroche à son porte-clés, mais d'un modèle généralement utilisé par des professionnels : compagnies de sécurité, unités de police, forces armées, etc. Un type d'arme pour lequel il faut bien sûr un permis au Canada, mais qu'on peut acheter en toute liberté sur Internet.

– Tu as réussi à affiner l'heure du décès ?

– Oui. J'ai prélevé un échantillon d'humeur vitrée et le taux de potassium nous a donné une fourchette plus précise, entre 23:00 et 23:30, à 10-20 minutes près.

– Parfait.

Je pense au fait que Delgado n'a jamais évoqué, ne serait-ce qu'une seule fois, la possibilité que Michael Fairbanks n'ait pas été attaqué par une, mais par plusieurs personnes.

– En s'appuyant sur ce que tu as trouvé pour l'instant, tu dirais qu'on a plutôt affaire à un, ou à plusieurs agresseurs ?

– Officieusement ?

– Oui.

– Un seul. Et pas n'importe lequel…

Il hésite un long moment avant d'enchaîner.

– Kovacs, je n'ai pas la moindre idée de ce que cela signifie, mais on a trouvé quelque chose de vraiment inhabituel sur le corps, quelque chose que je n'avais encore jamais vu de ma carrière…

Venant de la bouche de quelqu'un qui dissèque des cadavres à longueur de journée, le mot « inhabituel » est loin d'être un simple adjectif.

J'attends qu'il continue, à mon tour beaucoup plus tendue qu'à l'ordinaire.

– Ses poignets n'étaient pas juste attachés entre eux. Ils ont été attachés d'une façon bien particulière… Apparemment pour préserver et cacher quelque chose…

Il fait défiler une série de photos sur l'écran de son ordinateur.

Photo n° 1 : poignets attachés avec le ruban adhésif, paumes collées l'une contre l'autre.

Photo n° 2 : poignets détachés, paumes toujours dans la même position.

Photo n° 3 : la raison pour laquelle il m'a fait venir.

– Tu l'as vu ?

– Affirmatif. C'est à l'échelle ?

– Oui. 1/1.

Je regarde fixement la lanière de plastique qui entoure le poignet gauche : un de ces bracelets d'identification généralement utilisés en milieu hospitalier. Puis l'étiquette accrochée dessus : un rectangle d'environ 5 centimètres sur 1, sur lequel se trouve quelque chose qui ressemble à un code-barres.

– Version agrandie ?

– S'il te plaît.

Il appuie sur son clavier et une série de traits et de chiffres apparaît devant nous.

IIIII II 37112921773261

– C'est du papier ?

– Oui. Plastifié. Je l'ai déjà envoyé à Connie, avec tout ce qu'on a trouvé sur le corps. Et mis les photos et nos premiers rapports d'analyses sur ton serveur FTP et celui de Keefe.

– Merci. Il n'y a aucun logo ou tampon d'hôpital sur l'étiquette ?

– Non, mais tu sais à quoi ça m'a fait penser quand je l'ai vue ?

Il soulève le bas du drap.

– À ça…

Il me montre l'étiquette attachée à l'un des orteils du cadavre.

– Notre système n'est pas exactement identique, mais le principe est le même : code-barres suivi par un numéro d'identification – sauf que les nôtres incluent aussi des lettres.

Il y a un long silence et je sais qu'il attend une réaction, un commentaire de ma part, mais je ne peux soudain plus penser qu'à une seule chose.

Les sept barres.

Et ce qu'elles peuvent tout simplement représenter.

1 sur 7.

Une victime sur sept.

6.

VANCOUVER GENERAL HOSPITAL
899 WEST 12TH AVENUE
22:16

Je sors du parking du VGH et je m'engage sur 12th Avenue.

Posée à côté de moi sur le siège passager, une copie du code que Delgado a trouvé attend patiemment que quelqu'un veuille bien le décrypter.

Sept traits et quatorze chiffres éclairés par un tourbillon de reflets multicolores… Et je me demande de nouveau ce qu'ils peuvent bien représenter.

Un numéro de téléphone, de compte en banque, de bagage en soute ? Un code-barres ? Des coordonnées GPS ? Un message destiné à la victime, à ses proches, à la personne qui allait découvrir le corps ? Un indice censé nous aider, nous narguer ?

Et surtout… Un sur sept ? La question qui bat toutes les autres.

Je mets le clignotant et je passe sur Cambie Street.

Devant moi, la barre de gratte-ciel de Downtown Vancouver est en train de grandir sur le ciel de nuit : une série de bâtiments scintillants qui semble bizarrement compléter la masse sombre des montagnes qui se découpent juste derrière. Angles droits sur ligne d'horizon ondulée. Un étrange mariage entre civilisation et nature.

Je change machinalement la vitesse des essuie-glaces en voyant la pluie s'intensifier, puis je prends direction CAMBIE BRIDGE. Et en quelques instants, je me retrouve suspendue au-dessus de False Creek, entourée d'eau et de véhicules.

Je décélère, un peu mal à l'aise entre voies et visibilité réduites, et la pluie se met à redoubler.

Aucune vitesse supplémentaire pour les essuie-glaces : la carrosserie de la Volvo se fait littéralement cribler de gouttes.

J'essaie de maintenir une bonne distance de sécurité avec la Nissan qui me précède. Et alors que le flot de véhicules s'épaissit de façon désagréable autour de moi, mon portable et mon beeper se mettent à sonner en même temps.

– Génial…

J'attrape à tâtons le combiné accroché à ma ceinture et je le mets en mains libres, tout en gardant les yeux fixés sur les feux arrière de la Nissan.

– Agent Kovacs.

– Central. Nous avons un appel pour vous. Un homme qui dit avoir des informations sur l'homicide du Coast Plaza. Et qui ne veut parler qu'à vous. En personne.

– Il connaissait mon nom ?

– Affirmatif.
– Il vous a donné le sien ?
– Adam.
– C'est tout ?
– Oui. Juste : « Adam. »
Un 4 x 4 passe à toute vitesse le long de ma portière et le bruit de l'eau qui éclabousse la carrosserie m'oblige à faire une pause.
– Vous pouvez me donner deux secondes ?
– Pas de problème. Nous l'avons mis en attente.
Je sors mon dictaphone et je le connecte au portable.
– Allez-y.
Le voyant du dictaphone s'allume et la voix de l'opératrice est remplacée par une longue plage de silence.
– Agent Kovacs.
Rien.
Les feux de la Nissan passent brusquement du rouge au rouge vif et j'appuie sur la pédale de frein.
– Allô ?
Toujours rien.
Je maudis une fois de plus le déluge en train de s'abattre, et je plaque l'écouteur un peu plus fort contre mon oreille.
– Allô ?
– Il est mort ?
– Pardon ?
– L'homme du Coast Plaza, il est bien mort ?
Une voix d'homme.

Grave.

Posée.

Avec un morceau de musique en arrière-plan. Du piano. Enchaînement de notes presque mathématique.

– Vous voulez dire…

– Vous savez très bien ce que je veux dire, agent Kovacs ! 37112921773261. Il est bien mort, oui ou non ?

Je résiste à l'envie de piler net.

– Vous…

– Je vous ai posé une question, agent Kovacs !! Répondez-y !

– Oui. Il est mort.

– Parfait.

Et il raccroche.

Je m'engage sur la première voie de sortie – COOPER'S PARK – et je compose vite le 911.

Furax.

Confuse.

Les doigts crispés sur le volant.

– Agent Kovacs. FBI-1511191. Vous venez de me passer un appel…

– Veuillez patienter, je vous passe l'opératrice qui s'en est occupée.

Deux clics s'enchaînent.

– Agent Kovacs ?

– J'ai besoin de l'origine de l'appel que vous venez de me passer.

– Vous voulez parler de l'appel d'Adam ?

– Affirmatif.

Il y a un long silence. Suivi par une voix gênée.

– Je suis vraiment désolée, mais nous ne l'avons pas.

– Comment ça ?

– Je ne sais pas… L'appel ne semble pas avoir été relayé par une tour de transmission identifiable… Je suis vraiment désolée, mais il s'agit d'un appel absolument intraçable.

7.

BUREAUX DU CSU
1135 DAVIE STREET
23:51

– Priorités…

J'attends que Keefe finisse de nous distribuer le transcript de la conversation que je viens d'avoir avec « Adam », et je continue.

– Je veux savoir 1) Comment l'appel que le Central m'a passé a pu être « intraçable ». 2) Ce que les chiffres et le « code-barres » que Delgado a trouvés peuvent bien représenter. 3) Si les emplois du temps et profils de Michael Fairbanks et Bruno Duquesne correspondent à tout ce que l'on a pour l'instant. 4) Si Dante Salomon est juste un homme particulièrement désagréable ou plus… Et ce n'est que le début d'une longue liste.

J'essaie d'organiser un peu la masse de dossiers qui recouvre la table de réunion autour de laquelle je suis installée avec Nick et Keefe – en espérant que Connie et les experts scientifiques soient en train de trouver du nouveau de leur côté au labo.

– Keefe ?

Il ébouriffe les mèches de cheveux qui se dressaient déjà à la verticale sur son front avant de me répondre.

– Pour l'appel, c'est facile... Deux grands scénarios possibles : l'homme a composé le numéro via un système de VOIP – Voice Over the Internet Protocol – en créant un réseau de points de relais à travers le monde pour que l'origine de son appel soit impossible à identifier. Ou, encore plus simple, il a appelé d'un portable, ou d'une ligne fixe, en utilisant un appareil de brouillage plus ou moins sophistiqué. Un type d'appareil qui est en vente libre et qu'on peut même bidouiller soi-même avec de bonnes connaissances en électronique.

– Aucun moyen de contourner tout ça ?

– S'il utilise le même système, non. Mais grâce à la télécommande que je viens d'installer sur ton portable, tout appel « non identifié » sera automatiquement enregistré sur ton dictaphone. Ce qui te permettra de ne pas avoir à te contorsionner à 80 à l'heure pour connecter les deux appareils en aveugle.

Je regarde le petit boîtier fixé sur le combiné posé devant moi.

– Tu peux bien sûr tout éteindre et allumer à volonté si jamais quelqu'un que tu connais t'appelle d'une cabine, ou d'un numéro non reconnu.

– Parfait. Le code ?

Il continue.

– Jusqu'à présent, que dalle. J'ai essayé de faire correspondre chaque chiffre à une lettre de l'alphabet avec l'un des programmes de décodage de base que j'ai sur mon portable, et rien. Sauf si l'on compte bien sûr toutes sortes de résultats du genre...

Il jette un coup d'œil vers son écran.

– CGKBIBAGGCZA ou, légèrement plus facile à prononcer, CGALIUGGCBFA... Cela étant, j'ai déjà envoyé la combinaison à un service spécialisé de la GRC, mais ils n'auront personne pour s'en occuper avant demain matin.

– Tu penses qu'il pourrait y avoir une explication bien plus simple ? Genre code-barres ?

– C'est la première chose que j'ai vérifiée, mais plusieurs trucs ne collent pas...

Il tend le bras vers l'agrandissement du code – traits et chiffres – accroché sur le tableau blanc.

– Vous voyez le trait qui est plus épais ?

J'acquiesce.

– Eh bien, aucun code-barres standard ne commence comme ça. Les UPC – Universal Product Codes –, qui sont de loin les plus utilisés, comprennent 12 chiffres et non pas 14 – et chaque chiffre est représenté par une combinaison de barres blanches et noires, dont aucune ne correspond à celle-ci. Quant aux codes-barres utilisés pour identifier livres, cargaisons, bagages en soute, etc... Pour l'instant, je n'en ai trouvé aucun qui corresponde à la série de barres et de chiffres retrouvée sur le corps de la victime.

– Et les autres explications possibles ? Numéro de compte en banque ? De téléphone ? Coordonnées GPS ?

– Pareil. Rien ne correspond. Le « 3 » et le « 37 » ne font pas partie des indicatifs téléphoniques internationaux. Le « 371 », oui – c'est le code de la Lettonie –, mais la combinaison de chiffres qui suit ne correspond à rien. Ce qui nous laisse avec l'explication la plus simple, et la plus horrible de toutes : 1 sur 7.

Il y a un long moment de flottement et je me tourne vers Nick.

– Emploi du temps de Michael Fairbanks ?

– Tout semble correspondre à la minute près. J'ai appelé Air Canada et il était bien sur le vol AC 149, arrivé comme prévu à Vancouver à 21:57. Il avait deux bagages en soute : un sac dans le système normal, et un autre classé comme fragile et hors gabarit – ce qui correspond bien à la définition d'un sac de golf. L'une des hôtesses de l'air sur le vol en question se souvient d'avoir eu Fairbanks dans sa cabine de première classe, et a confirmé qu'il avait bu pendant le trajet – et qu'il n'a pas été l'un des passagers les plus agréables de sa soirée. J'ai aussi appelé Black Top Cabs, et le chauffeur de taxi qui a amené notre victime de l'aéroport à son hôtel se souvenait aussi parfaitement de lui… À peu près pour les mêmes raisons… Fairbanks était passablement ivre, agressif, et a laissé glisser plusieurs remarques désobligeantes sur l'origine ethnique du conducteur. Qui, pour être tout à fait précis, n'était pas un Pakistanais, comme il semblait le penser, mais un Sri Lankais du nom de Ranjit Ondaatje. Sa feuille de service pour la nuit dernière indique qu'il a pris Fairbanks à bord de son véhicule à 22:28, devant le terminal des vols intérieurs, et qu'il l'a déposé dans le parking du Coast Plaza à 23:07. Enfin, j'ai réussi à confirmer que Michael Fairbanks était bien inscrit à un tournoi de golf, qui a eu lieu cet après-midi à Burnaby, auquel il n'a pas participé.

– Alibi de Duquesne ?

– Pour l'instant, tout tient la route. Tariq et Larsen n'ont rien trouvé de suspect sur lui, à part assez de nicotine pour fabriquer des réserves de patches. Craig a déjà écumé pas mal d'enregistrements, et jusqu'à présent, aucun signe de Duquesne dans le hall d'entrée de l'hôtel, ou de toute personne qui aurait pu être considérée comme suspecte, hier soir, entre 22:00 et 01:00 – la période par laquelle tu lui as demandé de commencer.

– Il s'occupe aussi de nous faire des clichés de toute personne filmée à l'*extérieur* du Coast Plaza ?

– Affirmatif. Mais cela va prendre du temps.

– Profil de Fairbanks Development ?

– Entreprise qui relève plus de l'empire immobilier que de la simple compagnie. Des centaines et des centaines de contrats haut de gamme à son actif. A priori, tous légitimes. Aucune enquête du fisc à signaler, aucune mention de Fairbanks Development dans les banques de données de blanchiment d'argent ou autres activités illégales. Michael Fairbanks avait juste l'air d'être un homme d'affaires bien plus redoutable que la moyenne.

Je me tourne vers Keefe.

– Tu as commencé à étudier le contenu de son ordinateur et les appels sur son portable ?

– Oui. Aucun appel après celui de l'aéroport dont Duquesne t'a parlé : 22:06. 43 secondes. Plusieurs messages sur sa boîte vocale : tous de Duquesne, dans la séquence qu'il t'a décrite. Enfin, j'ai trouvé une série de documents dans l'attaché-case de Fairbanks sur un contrat immobilier majeur qu'il s'apprêtait à obtenir…

Il jette un nouveau coup d'œil vers son écran.

– Contrat Matsumoto. Un projet de deux tours d'espaces commerciaux sur Burrard Street pour des clients japonais. Sur le point d'être signé.

– Celui dont Duquesne a refusé de me parler ?

– En toute vraisemblance.

– OK.

Je passe à ma priorité nº 4.

– Dante Salomon…

Nick secoue la tête.

– À part le fait que c'est une brute de première, pas grand-chose pour l'instant. Employé depuis huit ans par First Watch, dont sept passés dans le parking du Coast Plaza. Célibataire, pas de casier judiciaire, loue un appartement plutôt pourri derrière la Gare Centrale. Seule ombre officielle au tableau : Fairbanks a porté plainte deux fois contre lui, mais apparemment, ça ne doit pas être très facile de trouver des gens prêts à surveiller un parking la nuit, parce que First Watch lui a seulement donné un blâme, sans aucune déduction de salaire, ou pénalité à la clé.

– On sait sur quoi portaient les plaintes ?

– Non. Ils ont refusé de me le dire.

– On peut obtenir un mandat pour les forcer ?

– Déjà prévu, mais encore une fois…

– Cela va prendre du temps.

J'attrape le transcript posé devant moi.

– Adam… Pour l'instant, aucun moyen de savoir s'il s'agit de son vrai nom, ou d'un pseudo on ne peut plus cliché. Premier homme, créateur de la race humaine, vous connaissez la suite… Keefe, est-ce que tu peux ajouter, à partir de maintenant, le nom ou prénom « Adam » à tous les critères de recherche que tu utilises ? Mais uniquement en option ?

– Affirmatif.

– J'ai aussi besoin que tu envoies une copie de l'enregistrement à Craig, afin qu'il puisse voir s'il contient des bruits de fond utiles et…

Je remarque le regard soudain distant de Keefe, fixé sur le code accroché en haut du tableau.

– Tu as quelque chose ?

– Merde…

Il attrape un bloc-notes et se met furieusement à écrire dessus.

– J'aurais dû le voir.

– Quoi ?

– Deux secondes… Donnez-moi juste deux secondes.

Son stylo continue à glisser à toute vitesse sur le papier.

– Il n'y a pas de zéro… J'aurais dû réaliser au zéro…

J'échange un regard avec Nick, aussi perdu que moi.

Et après quelques minutes à peine, Keefe relève brusquement la tête.

– Je l'ai !

Il nous montre une page couverte de chiffres et de lettres.

– « Le Jaguar ».

– Pardon ?

– Le Jaguar. C'est ce que signifie le code.

Il attrape un marqueur et se lève.

– L'enfoiré t'a lu le code chiffre par chiffre au téléphone… Au lieu de le faire comme il fallait, nombre par nombre…

Il écrit la combinaison sur le tableau :

37112921773261

– Regardez… Ce sont tous des nombres premiers. 2, 3, 5, 7, 11, 13, etc. Et en les groupant, on peut ainsi obtenir différentes combinaisons : 3 + 7 + 11 + 2…

Il entoure chacune des séquences qu'il vient de mentionner.

– Mais, dans ce cas précis, ça coince, parce que ni « 9 » ni « 92 » ne sont des nombres premiers.

Il revient en arrière, et recommence.

– Il faut donc arriver à les grouper de façon bien précise, en gardant en mémoire que les chiffres « 3 » et « 7 » peuvent aussi former un « 37 », qui est lui aussi premier.

Son débit de paroles est tellement rapide qu'il me faut m'accrocher pour arriver à le suivre d'étape en étape.

– En associant une lettre de l'alphabet à chaque nombre premier, on obtient ainsi un début de séquence qui peut être soit : 3 + 7 + 11 + 29. Soit : 37 + 11 + 29. C'est-à-dire…

Il attrape un marqueur de couleur différente et continue :

– BDEJ pour l'option 1, et LEJ pour l'option 2. Et, en continuant à explorer la seconde, qui ressemble bien moins à du charabia, on obtient : LE JAGUAR.

Je reste sans voix.

– Ce qui, bien sûr, vu le modèle de voiture que conduisait Fairbanks, a très très très peu de chances de n'être qu'une simple coïncidence.

Il se rassoit.

– Waouh…

Il sourit en entendant ma réaction et celle de Nick.

– Désolé pour le coup du matheux qui parle à 100 à l'heure… Mais cela veut non seulement dire qu'on a affaire à quelqu'un qui savait exactement ce qu'il faisait, mais qui doit aussi être très familier avec un domaine lié aux mathématiques appliquées – dont l'existence entière repose sur les nombres premiers.

– Quel genre de domaines ?

– Ceux dans lesquels j'aurais pu finir si je n'avais pas rejoint le VPD. Cryptologie, développement de logiciels, protocoles de communication chiffrée, algorithmes de cryptographie… Ou, version illégale : piratage informatique, création de virus, cyber-espionnage, vol de données personnelles, etc.

– Tu penses que…

Mon portable et mon beeper se mettent à sonner en même temps, et nos trois regards se posent immédiatement sur le voyant rouge du dictaphone.

Éteint.

Je décroche.

– Agent Kovacs.

– Central. Nous avons une agression. 1210 Jervis Street. Holly Lodge. Lien possible avec l'homicide du Coast Plaza.

J'ai l'impression d'avoir reçu un coup.

– Des détails ?

– Suspect en fuite. Victime grièvement blessée. La première patrouille arrivée sur les lieux est la même que celle de tout à l'heure.

– Vaughn et Williams ?

– Affirmatif.

J'écris vite « Connie » et l'adresse que vient de me donner l'opératrice sur un bout de papier, et je le tends à Keefe.

– J'arrive.

Je raccroche et je fais signe à Nick de me suivre.

Je m'engage dans la cage d'escalier… Porte du parking… Nuit à l'extérieur… Je repense au « 1 sur 7 ».

Je sors mes clés de voiture et je déverrouille la Volvo à distance.

Deux bips.

Nick s'engouffre côté passager et je m'assois derrière le volant.

Bruits de portières qui claquent.

Taux d'adrénaline qui monte.

Le pare-brise est un tableau abstrait de lumières réfractées.

J'ai vaguement conscience que Nick attend que je lui explique ce qui est en train de se passer, mais je suis déjà à 500 mètres de là.

Le Holly Lodge.

Un bloc de bâtiments victoriens posé à trois carrefours du CSU. Autant dire à portée de main à l'échelle de Vancouver…

Je plante la ceinture de sécurité dans son socle et la clé de contact dans la colonne centrale. Puis j'allume gyrophare et sirène, et je m'engage sur Davie Street. Quatre voies de trafic que je coupe en faisant crisser les pneus.

DIMANCHE 12 JANVIER

8.

HOLLY LODGE
1210 JERVIS STREET
00:27

Des cris.

La première chose que j'entends en sortant de la voiture.

Ceux de médecins agenouillés sur un trottoir trempé de pluie… Ceux d'un jeune flic aux prises avec des passants trop curieux… Ceux d'un officier qui essaie en vain d'organiser le chaos qui l'entoure…

Et juste après, des gémissements.

Suppliants.

Insupportables.

Ceux de quelqu'un à l'agonie.

J'accroche mon badge sur le devant de ma ceinture et je fais signe au premier officier du VPD que je croise d'élargir le périmètre de sécurité sur plusieurs mètres. Puis j'envoie Nick s'assurer qu'une chasse à l'homme a bien été lancée à travers le quartier et je me précipite vers l'épicentre de cette explosion de détresse humaine : une femme allongée au pied d'un mur, le corps contorsionné de douleur sur un parterre de sang et de verre brisé.

– Amelia, s'il te plaît… Tiens bon… On a presque fini…

Ma dose de sang-froid descend de plusieurs degrés quand j'entends la familiarité avec laquelle l'un des médecins est en train de s'adresser à sa patiente – et l'angoisse qu'il y a dans sa voix.

– C'est bon… Ça va aller… Reste avec nous…

Je m'accroupis entre deux dos bardés de bandes fluorescentes « 911 », et en un éclair, tout devient encore pire…

Je peux voir le visage de la jeune femme… Dans les 20-25 ans, longs cheveux bruns bouclés, yeux plissés de douleur au-dessus d'un masque à oxygène qui arrive à peine à contrecarrer une respiration saccadée, laborieuse. L'uniforme qu'elle porte : une blouse bleue d'infirmière, sur laquelle est accroché un badge : *St Paul's Hospital – Amelia Soares*. Et les blessures dont elle souffre… Bassin déformé, fractures des membres inférieurs, lacérations au niveau du dos… Le genre de traumatisme généralement associé à un type de choc bien précis.

Je lève les yeux et je fixe du regard l'un des rectangles de lumière qui se détachent au-dessus de nous. Une fenêtre aux vitres brisées, derrière laquelle se découpent les silhouettes de Nick et de Connie.

Chute de trois étages.

L'équivalent d'un impact à plus de 50 km/h.

– Amelia…

La voix d'un second médecin se joint à celle du premier – ton complètement différent : ferme, décidé – et le ballet de mains autour des perfusions et des lacérations s'arrête brusquement.

– Amelia, écoute-moi bien… On va avoir besoin de t'immobiliser… De te soulever pour le faire… OK ?

Le bip d'un moniteur cardiaque s'emballe et une planche dorsale apparaît sur les pavés tachés de sang.

– Tu es prête ?

Elle serre les poings.

– À trois ?

Les médecins font glisser la civière à quelques centimètres du dos de la victime et le transfert se fait dans un hurlement de douleur et une cacophonie d'appareils de contrôle qui se mettent en mode d'alerte.

– C'est bon, Amelia… On y est presque…

Le scratch de bandes Velcro s'ajoute aux râles de la jeune femme. Un médecin croise ses doigts entre ceux de sa patiente. Et le brancard est lentement soulevé du sol…

– Tout est OK. On y va…

Je me relève et je m'écarte de quelques pas.

Je regarde la victime passer devant moi – rien sur son poignet gauche, marques rouges le long de sa carotide – et je m'entends prononcer son nom, exploiter la seule opportunité que j'aurais peut-être jamais de pouvoir lui parler.

– Amelia ?

Le médecin qui lui tient la main me lance un regard assassin.

– Mon nom est Kate Kovacs.

Elle ouvre les yeux.

– Je suis officier de police.

Je lui montre mon badge – qu'elle regarde avec une expression presque effrayée.

– Vous connaissez la personne qui vous a attaquée ?

Elle secoue la tête.

– Vous avez vu son visage ?

Elle se mord les lèvres et le moniteur cardiaque s'emballe de nouveau.

Ses yeux se serrent, son corps tout entier se met à trembler, et j'arrête net.

– OK... Ne vous inquiétez pas... Tout va bien se passer... Vous n'avez plus rien à craindre...

Je pose une main sur son épaule et je regarde son corps disparaître dans le ventre d'une ambulance. Puis le bruit du véhicule qui s'éloigne dans un hurlement de sirène est remplacé par une voix d'homme.

– Kovacs, c'est bien ça ?

Je me retourne et je me retrouve nez à nez avec l'un des médecins encore sur place. Celui qui vient de me jeter un regard assassin. Nom imprimé sur son badge : *Dr Gareth Reid.*

– C'est vous qui êtes chargée de cette enquête ?

– Oui. CSU.

Je lui montre ma plaque.

– Désolée pour…

– C'est bon. Vous faisiez votre travail. Nous, le nôtre.

Il me tend un sac plastique scellé en gardant les yeux braqués sur moi, comme pour bien me faire comprendre qu'il n'a aucune intention de révéler ce qu'il contient à qui que ce soit.

– Elle avait ça accroché autour du poignet. Poignet gauche. On a dû le couper afin qu'il n'entrave pas la circulation du sang.

Je regarde la bande de plastique à l'intérieur de l'emballage, et l'étiquette accrochée dessus.

IIIII II 37237271234347

Même taille et même style d'écriture que celle qui se trouvait autour du poignet de Michael Fairbanks.

– Elle était aussi bâillonnée et avait les mains attachées dans le dos, avec du ruban adhésif… Qu'on a également dû enlever. J'ai tout donné à la patrouille du VPD arrivée en même temps que nous.

Il me montre Vaughn et Williams, et j'enchaîne.

– Elle vous a dit quelque chose ?

– Non. Elle n'était pas en état de le faire.

– Vous l'avez retrouvée dans quelle position ?

– Sur le dos, mais l'impact était latéral : contact hémicorps gauche.

– Fractures et lacérations multiples ?

– Affirmatif.

– Elle a perdu combien de sang ?
– Deux bons litres. Sa pression artérielle était critique.
– Chances de survie ?
Il lève les yeux avant de me répondre.
– Trois étages… Surface de réception particulièrement dure… Statistiquement, c'est du 50-50.
– Vous connaissez la victime ?
Il plonge les mains dans les poches de sa veste et fait basculer nerveusement le poids de son corps d'un pied sur l'autre.
– Oui. C'est une des infirmières avec qui on bosse régulièrement. Urgences du St Paul's.
– Vous pouvez me confirmer son nom ?
– Amelia Soares.
– Vous la connaissez personnellement ?
– Non. Je ne l'ai vue que dans le cadre du boulot. Je ne savais même pas qu'elle habitait ici.
– La victime a bien été transportée au St Paul's ?
– Oui. C'est l'hôpital le plus proche.
Il se retourne et jette un coup d'œil vers son partenaire, en train de ramasser emballages de perfusions et de pansements éparpillés sur le sol.
– Je peux y aller, si vous avez fini ? On est à nouveau de service. On peut être appelés à tout moment.
– Oui, allez-y. J'ai juste besoin du numéro de votre unité et de celle de vos collègues.
– U23 et U52.
– Merci.

Je note vite les deux informations qu'il vient de me donner, et j'attends qu'il se soit éloigné de plusieurs mètres avant de décrocher mon portable.

– Détect…

– Keefe, c'est Kate. J'ai besoin que tu déchiffres un nouveau code pour nous.

– Vous en avez trouvé un autre ??

– Affirmatif.

– Même principe que celui du Coast Plaza ?

– On dirait.

Je me colle contre le pilier d'un des lampadaires, dos tourné à la foule de badauds qui noircit le carrefour.

– Tu ne peux pas parler ?

– Pas vraiment.

– OK. Vas-y.

Je lui lis la série de chiffres.

Il met quelques secondes à peine pour la décoder.

– « La Latino ».

– C'est tout ?

– Oui. Il n'y avait pas de code-barres ?

– Si.

– 2 sur 7 ?

– Apparemment. Toujours une seule barre en caractères gras, mais cette fois-ci en deuxième position.

Il y a un blanc. Comme si ma réponse l'avait surpris.

– Même technique d'immobilisation ?

– Tout porte à le croire.

Il soupire.

– Comment va la victime ?

– État critique. Elle vient juste d'être transférée au St Paul's. J'ai besoin que tu t'assures qu'elle soit mise sous protection. 24 heures sur 24. Gardes armés.

– Comme si c'était déjà fait.

– Appelle aussi le bloc des urgences et demande-leur de nous tenir au courant. De nous contacter si jamais la victime reprenait assez de forces et de lucidité pour pouvoir nous parler, même brièvement.

– OK.

– Tu as bien son identité ?

– Soares, Amelia. Déjà commencé à bosser sur elle.

– Appelle-moi si tu as du nouveau.

– Promis.

Je raccroche et je glisse le sac plastique scellé dans la poche intérieure de ma veste. Puis je me dirige vers l'entrée du Holly Lodge avec une seule pensée en tête : si Amelia Soares meurt, Adam passe officiellement au rang de tueur en série.

9.

APPARTEMENT D'AMELIA SOARES
1210 JERVIS STREET
00:36

– Ses chances sont à combien ?

– 50-50.

Nick secoue la tête, écœuré, et m'indique le meilleur chemin à prendre pour entrer dans l'appartement de la victime.

– Fais gaffe… Il y en a partout…

J'enjambe le contenu de plusieurs sacs de produits alimentaires renversés sur le sol et, comme pour la chambre de Michael Fairbanks, je me mets à enregistrer information sur information.

Le nom imprimé sur les emballages plastique étalés à mes pieds… *Super Valu.* Un supermarché ouvert 24 heures sur 24, à moins de 20 mètres de l'entrée du Holly Lodge. Le décor du salon : murs rouges, tableaux et objets ethniques ; influence mexicaine marquée un peu partout… La fenêtre brisée de laquelle dépassent des éclats de verre couverts de sang. Le rouleau de ruban adhésif gris argent abandonné au pied d'une table basse.

Et le sac plastique transparent posé juste à côté, identique à celui retrouvé sur Michael Fairbanks.

– Tout a été scellé depuis le début ?

– Oui.

C'est Connie qui me répond, plantée devant l'encadrement de la fenêtre, une lampe à UV à la main.

– On doit ça à Vaughn et Williams. Ils ont de suite réalisé qu'il pouvait y avoir un lien entre cette agression et l'homicide du Coast Plaza. Et ils n'ont laissé entrer absolument personne.

– Les lumières étaient éteintes ou allumées quand ils sont arrivés ?

– Allumées, dans le salon et dans le couloir. La victime a réussi à te donner une description ?

– Non. Mais elle avait ça autour du poignet gauche.

Je leur montre le bracelet sous scellé que le médecin du 911 vient de me donner.

– « Deux sur sept ». « La Latino ». Mains attachées dans le dos. Ruban adhésif sur la bouche. Marques rouges sur la carotide.

Je sais que je suis à la limite de l'abrupt, beaucoup plus détachée que je ne devrais l'être. Mais tout semble s'enchaîner trop vite, trop brutalement, pour me donner une chance de reprendre mon souffle.

Je me tourne vers Nick.

– Qui a appelé les secours ?

– Plusieurs personnes. Voisins et passants. Le Central a reçu une flopée d'appels.

– Quelqu'un a vu un suspect sur les lieux ? Un suspect s'enfuir ?

– Non.

– Rien du tout ?

– Non. Mais le VPD est encore loin d'avoir fini le porte-à-porte de tous les étages.

– On a quoi côté issues ?

– Porte principale, plusieurs portes de service, escalier de secours, et voies d'accès au parking.

– Combien de patrouilles sont en train de quadriller le quartier ?

– Six. C'est tout ce que j'ai pu obtenir du District 1 pour l'instant. Mais j'ai réussi à faire mettre tous les officiers de service ce soir en alerte maximum.

– Tu peux voir si le Super Valu a un système de vidéosurveillance ?

– Déjà fait. C'est Keefe qui s'en occupe. Je lui ai passé l'heure exacte qui se trouvait sur le reçu des courses éparpillées dans le couloir : 00:09.

– Vous avez…

Je m'arrête net en voyant Connie traverser la pièce, puis s'aplatir à quelques centimètres du sol, entre table basse et sofa.

– Tu as trouvé quelque chose ?

Elle tend un bras, qu'elle glisse sous le sofa.

– Pas encore sûre…

Je m'accroupis près d'elle et je la regarde sortir un petit morceau de papier de l'interstice.

Une enveloppe blanche ; rabat glissé vers l'intérieur.

Je la regarde retourner le document, s'arrêter, et me le tendre sans un mot.

J'entends Nick murmurer un « C'est pas vrai… » et quand je vois enfin le nom imprimé sur le devant, il me faut faire des efforts pour garder mon calme.

Je retiens mon souffle, les yeux fixés sur la série de lettres alignées devant moi.

AGENT K. KOVACS

Puis je soulève le rabat et je déplie le feuillet qui se trouve à l'intérieur de l'enveloppe.

Format A4.

Plié en trois.

Et une série de lettres et de chiffres apparaît entre mes mains gantées de latex.

CTK-211

Le numéro d'immatriculation de ma voiture.

10.

BUREAUX DU CSU
1135 DAVIE STREET
02:54

– OK. J'ai besoin qu'on repasse en revue tout ce qu'on a pour l'instant…

Je me plante devant le tableau blanc de la salle de réunion et je regarde les deux colonnes qui se dressent devant moi, couvertes de photos et d'informations sur nos deux victimes.

– Liens possibles ?

Nick et Keefe se reculent dans leurs fauteuils et je peux lire sur leurs visages le même mélange de fatigue et de frustration que je ressens : plus de deux heures à passer et repasser en revue les mêmes données sans arriver à la moindre conclusion… Plus de vingt heures sans sommeil depuis le moment où je me suis levée tôt hier matin pour aller faire du jogging autour de Stanley Park…

Je fixe la section *Identité* et je continue.

– Victime n° 1 : Michael Fairbanks, 62 ans, homme d'affaires. Né à Toronto. Divorcé, pas d'enfant. Vivait à Vancouver trois jours par semaine depuis environ un an. Victime nº 2 : Amelia Soares, 24 ans, infirmière. Originaire du Mexique. Célibataire, pas d'enfant. Vit à Vancouver depuis cinq ans. Liens ? Aucun, a priori.

Je change de section.

– Adresses... Notre lien le plus tangible jusqu'à présent. Coast Plaza : hôtel haut de gamme. Holly Lodge : bloc d'appartements plutôt modestes. Mais les deux bâtiments sont en plein West End, à moins d'un kilomètre l'un de l'autre.

Je fixe les deux épingles rouges plantées sur la carte de Vancouver accrochée sur ma gauche.

– Théories sur les deux adresses ?

Keefe se redresse.

– Le West End... Zone résidentielle qui recouvre la bonne partie d'une péninsule, entourée par les eaux du Pacifique. Coincée entre la forêt de Stanley Park et le centre commercial de la ville, Downtown Vancouver. Superficie : environ 3 km^2. Population : autour de 50 000 personnes, dont plus de la moitié a entre 20 et 40 ans. Densité élevée et locataires majoritaires.

Il regarde les photos des deux lieux du crime accrochées sur l'un des murs de la pièce et continue.

– Types de population variés : multiethnique et combinant des niveaux sociaux qui vont du sans-abri à l'entrepreneur à succès qui veut sa vue sur English Bay. Une particularité : la section qui entoure le St Paul's, et incidemment nos locaux, reste animée 24 heures sur

24 grâce aux mouvements du personnel et des patients de l'hôpital, ainsi qu'une série de commerces ouverts non-stop. Pour un tueur comme Adam, le West End offre à la fois des rues sombres, et un environnement avec juste assez d'activité pour ne pas trop se faire remarquer à la nuit tombée.

– Heures des deux attaques ?

C'est Nick qui enchaîne.

– Autour de minuit dans les deux cas. Là encore, un scénario qui permet de combiner l'anonymat de la nuit et des rues encore relativement animées.

– Modes d'entrée ?

Keefe reprend.

– A priori différents, mais avec assez de similarités pour qu'on puisse établir un modèle de base. 1) Coast Plaza. Deux grands scénarios possibles : a) le tueur et la victime se connaissaient et sont entrés ensemble ou b) le tueur avait une carte d'accès, volée ou fabriquée. Aucune trace d'entrée par effraction. Possible aussi que le tueur ait pu déjouer le système de sécurité grâce à des connaissances en informatique et en électronique. 2) Holly Lodge. Victime attaquée sur le pas de sa porte, en toute vraisemblance par un agresseur qui l'attendait ou qui l'a suivie dans le couloir. Provisions éparpillées sur le sol qui marquent le lieu présumé de l'attaque initiale. Et plusieurs scénarios ensuite… Victime ligotée et bâillonnée sur le sol du salon… Victime qui se jette ou qui est jetée de force par la fenêtre… Et dans ce cas, comme dans celui du Coast Plaza, pas d'effraction. Point important à noter: le Holly Lodge a un système de sécurité bien moins poussé que celui du Coast Plaza, mais la porte d'entrée est verrouillée 24 heures sur 24 et ne peut être ouverte qu'avec un code de sécurité. Un mécanisme qui fonctionnait parfaitement bien ce soir.

– Scénarios ?

– 1) L'agresseur est entré grâce à un code valide, qu'il possédait, ou qu'une tierce personne lui a donné. 2) L'un des résidents – voire la victime elle-même – lui a ouvert la porte. 3) Il s'agit de quelqu'un qu'Amelia Soares connaissait, qui l'a par exemple aidée à transporter ses courses. Sans le témoignage de la victime, impossible encore de se fixer sur quoi que ce soit. Et pour l'instant, aucun des résidents du Holly Lodge ne semble avoir de casier judiciaire ou de profil suspect.

– Degré de violence utilisé ?

Nick et Keefe hésitent et je réponds à ma propre question.

– À la fois extrême et contenu. Les deux attaques étaient brutales, exécutées avec froideur et précision. Le choix de l'asphyxie après immobilisation totale – via chocs électriques et ligatures – est à la fois cruel et sans appel. Si Michael Fairbanks avait survécu à l'assaut initial, il aurait mis plusieurs minutes à mourir… Ligoté face à son propre reflet… Ce qui indique un crime extrêmement personnel. Une tentative de faire souffrir sa victime, autant de façon physique que morale. Peut-être pour lui « prouver » quelque chose. Mais dans les deux cas, il y a aussi un minimum de contact direct entre agresseur et victime. Pas de plaies ouvertes. Utilisation de gants. Aucun signe de violence incontrôlée. Tout a un côté stérile, calculé… Confirmé par l'utilisation des messages codés.

Je pose mon index sur les agrandissements des deux bracelets retrouvés sur les corps des victimes.

– Keefe ?

Il fixe du regard la grille de décodage qu'il a établie – colonne de nombres premiers, avec lettres de l'alphabet qui leur correspondent – et enchaîne.

– Si c'est vraiment le système qu'il a utilisé, on a probablement affaire à quelqu'un de complètement immergé dans un univers de mathématiques appliquées, ou en tout cas très familier avec ce milieu. Les nombres premiers sont la base même de tout système de cryptage informatique – que ce soit pour l'utilisation d'une simple carte de crédit ou la création d'un système de communication ultrasophistiqué à usage militaire. J'ai lancé des recherches dans les réseaux et organismes pour lesquels une personne avec ce genre de profil pourrait travailler : universités, laboratoires, compagnies informatiques, forces armées, etc. Critères de recherche : nom ou prénom « Adam », possibles problèmes psychiques. Rien pour l'instant. Mais je pense qu'on a affaire à plus qu'un simple mordu de mathématiques. La façon dont les deux codes-barres ont été créés – encore une fois, si nos théories sont correctes – montre une obsession avec les choses formatées. Le code « 2 sur 7 » n'est pas représenté par deux barres en caractères gras, mais par une seule, déplacée d'un cran : pas exactement l'approche la plus classique. Et la seule raison que j'ai réussi à trouver jusqu'à présent, c'est que le code-barres peut ainsi garder la même longueur, ne pas changer de format au fil des victimes, ce qui aurait été le cas avec l'addition de nouvelles barres en caractères gras. Même chose pour les étiquettes déjà imprimées, plastifiées, prêtes à être utilisées avant l'arrivée sur chacun des lieux de crime. On est à des années-lumière de crimes commis sous une série d'impulsions incontrôlées.

Je me passe la main dans les cheveux et j'enchaîne avec le sujet que je préférerais ne pas avoir à aborder.

– Choix des victimes…

Je sens Nick et Keefe se tendre devant moi et je continue.

– Encore une fois, rien d'évident côté identité, lien géographique possible, mais forte possibilité qu'Adam – ou quel que soit son vrai nom – se comporte en prédateur, qu'il ait suivi et choisi ses victimes bien avant de les attaquer. Raison n° 1 : les étiquettes préparées à l'avance. Raison n° 2 : la façon dont il « surnomme » ses victimes, à partir de références visuelles qu'il semble avoir acquises pendant une période plus ou moins longue, avant chaque attaque. Raison n° 3…

Je lève les yeux sur la photocopie de l'enveloppe et de la lettre qui m'étaient adressées, et c'est sans surprise que j'entends Nick enchaîner à ma place.

– La façon dont ce malade s'est fixé sur toi.

Je respire un bon coup avant de me retourner et de refaire face à Nick et Keefe.

– Je ne pense pas qu'il se soit « fixé » sur moi.

– Vraiment ?

Le ton de Nick est probablement bien plus agressif qu'il ne l'aurait souhaité et j'essaie de désamorcer au plus vite la tension qu'il vient de créer dans la pièce.

– On a déjà eu cette conversation.

– Je sais. Tu penses qu'il t'a juste choisie comme interlocutrice privilégiée, pour se mettre en valeur, pour narguer la forme d'autorité que tu représentes… Et tu es sûre à 99 % que tu ne risques absolument rien, qu'il ne te considère pas comme une victime potentielle. Sauf que l'on n'a toujours pas réglé le problème du 1 % qui reste.

– Je suis armée, 24 heures sur 24. Généralement entourée d'autres officiers de police. Et mon domicile, ainsi que mon lieu de travail, sont équipés de systèmes de sécurité…

– Hyper performants ? Comme celui du Coast Plaza ?

Je suis trop crevée pour continuer plus longtemps sur le sujet.

– Écoute, ma sécurité personnelle est le dernier de mes soucis à ce moment précis. On a un mort et un blessé grave sur les bras, et un tueur en série en puissance avec une liste de sept cibles potentielles. Et le fait qu'il ait choisi d'entrer en contact avec l'un d'entre nous est plutôt un point positif à mon avis.

– Tu n'es pas du tout inquiète qu'il ait au moins un détail personnel sur toi ? Qu'il puisse accéder à toutes sortes d'informations supplémentaires à ton sujet, s'il s'agit vraiment d'un petit génie en informatique comme Keefe semble le penser ?

– Si. Mais cela ne m'empêchera pas de tout faire pour qu'il ne puisse pas frapper une troisième fois.

J'essaie de ne pas penser aux ramifications possibles de ce que Nick vient d'évoquer et je change de sujet.

– Dernier point... Liens possibles entre les problèmes cardiaques de Michael Fairbanks et l'hôpital St Paul's – et plus particulièrement avec le bloc des urgences et Amelia Soares ?

– Toujours rien.

Keefe fait tourner son stylo plusieurs fois entre ses doigts avant d'enchaîner.

– Les archives du St Paul's ont confirmé n'avoir jamais eu Michael Fairbanks comme patient, et Amelia Soares n'a jamais travaillé dans un autre hôpital que le St Paul's. Employée au service des urgences depuis près de trois ans. Rien d'exceptionnel à signaler dans son dossier.

– Sa famille a bien été prévenue ?

– Oui. Mais elle vit seule ici, ils sont tous au Mexique. Au mieux, ils seront là d'ici un jour ou deux.

L'idée qu'elle puisse mourir seule, à des milliers de kilomètres de ses proches, sans même pouvoir les revoir ne serait-ce qu'une dernière fois, m'est totalement insupportable.

Je regarde ma montre et j'essaie de voir comment répartir au mieux les tâches.

Si Adam continue sur sa lancée, il ne frappera pas pendant la journée.

Je décide de me baser sur cette hypothèse.

– OK. Voici ce qu'on va faire. J'aimerais qu'on bosse jusqu'au lever du jour. Après ça, deux tours de permanence. Vous deux, break dans la matinée. Connie et moi, en début d'après-midi. Dans tous les cas, je veux qu'on soit tous les quatre complètement opérationnels avant la tombée de la nuit. C'est bon pour vous ?

Ils acquiescent et j'attrape mes affaires.

Direction : le labo du VPD.

11.

COMMISSARIAT CENTRAL DU VPD

2120 CAMBIE STREET

03:49

– Tu as du nouveau ?

– Oui. Plusieurs choses. J'allais justement t'appeler.

Je m'accoude à la table de Plexiglas derrière laquelle Connie s'est installée, et j'attends qu'elle continue.

– Tu veux commencer par quelque chose en particulier ?

– Non. Vas-y. L'ordre que tu veux.

– OK… Le plus important…

Elle fait glisser plusieurs pages d'analyses vers moi et enchaîne, sans le moindre préambule :

– Adam a probablement passé bien plus que quelques minutes dans la chambre de Michael Fairbanks.

– Tu as réussi à établir ça comment ?

– Deux indices majeurs, un mineur.

Elle pose un index sur l'une des colonnes de chiffres alignées sous ses yeux.

– Comme on pouvait s'y attendre, la ou les personnes qui ont attaqué Michael Fairbanks portaient des gants, mais heureusement pour nous, pas n'importe lesquels. Il s'agit de gants en vinyle, légèrement poudrés, comme ceux qu'on utilise en milieu hospitalier. Bon marché, faciles à enfiler et à stocker, contact bien plus agréable au toucher pour les patients que des gants en latex, avec risque d'allergie en moins. Malheureusement pour notre agresseur, ces gants laissent aussi des traces, et la composition chimique de ces dépôts est cataloguée, depuis des années, dans nos bases de données. Je peux donc ainsi te dire qu'il s'agit de gants de marque Volk en polychlorure de vinyle prépoudrés à l'amidon de maïs biorésorbable.

Seule Connie peut sortir une phrase pareille sans même sourciller.

– Un modèle couramment vendu sur Internet et via les nombreux réseaux de distribution de produits paramédicaux qui existent à travers le monde. Comme tu le sais, les gants que *nous* utilisons sont par contre en latex, non poudrés, pour justement ne pas laisser de traces sur les lieux de crime… Ce qui m'a permis d'isoler sans problème tous les points de contact que l'agresseur a eus avec son environnement et avec sa victime. Et voici ce que ça donne…

Elle étale un plan de la chambre de Michael Fairbanks sur le rectangle de Plexiglas qui nous sépare, assorti d'une trentaine de petits points bleus.

– Salle de bains… Chasse d'eau : trois points de contact ; interrupteur : deux ; poignée de la porte : un ;

sol et radiateur : treize – ce qui indique qu'il est probablement resté dans cette zone bien plus longtemps que dans les autres. Pièce principale…

Son index glisse de zone en zone sur le plan.

– Fauteuil sur lequel le corps de Michael Fairbanks a été retrouvé : six ; cigare écrasé dans le cendrier : un ; téléphone portable : un… Auxquels s'ajoutent huit contacts entre gants et ruban adhésif, et cinq entre gants et sac plastique. Le tueur a bien sûr pu faire tout cela *volontairement*, pour nous faire croire qu'il avait passé un bon moment dans la chambre de sa victime, mais j'ai aussi retrouvé ça…

Elle me tend plusieurs photos prises dans la salle de bains : une série de gros plans sur lesquels ne semblent figurer que des dalles de marbre.

– Pas forcément très visibles à l'œil nu, mais il y avait plusieurs dépôts organiques sur le sol, entre lavabo et radiateur. L'analyse vient juste de me revenir, et il s'agit de résidus alimentaires…

Elle relit ses notes avant d'enchaîner.

– Provenant de barres énergétiques de type PowerBar. Deux goûts différents : « Avoine-Raisins » et « Chocolat-Arachide ». Teneur en protéines et glucides record. Le genre d'aliment qui équivaut au pouvoir énergétique d'un repas complet. Généralement utilisé par des athlètes ou des personnes qui veulent absorber un maximum d'énergie avant ou pendant un effort violent, le plus souvent prolongé. Dans notre cas, il peut s'agir d'un moyen de se nourrir sur place pendant plusieurs heures, voire plusieurs jours.

Je visualise Adam en train d'attendre sa victime.

En embuscade, en parfait prédateur.

– Vous avez réussi à isoler de la salive sur les prélèvements ?

– Pas encore sûre… Les résultats d'ADN ne seront prêts que demain après-midi, au plus tôt.

– Pareil pour le sang qui se trouvait dans la salle de bains ?

– Oui. Mais tous les échantillons que j'ai prélevés sont du même type, AB +, l'un des plus rares qui soient – qui était celui de la victime. Pas trop d'espoir donc de ce côté-là.

Elle me montre une nouvelle page d'analyse : couverte de symboles qui représentent une longue composition chimique.

– Traduction ?

Un sourire glisse sur son visage.

– Camphre, huile de menthe, clou de girofle et essences de cajeput.

Elle fait glisser la photo d'un emballage sur lequel figure un dessin de tête de félin, ainsi que plusieurs mots écrits avec un alphabet d'Asie du Sud-Est. Un produit que je reconnais immédiatement.

– Baume du tigre.

– Affirmatif. Crème médicinale bien connue dans le monde des arts martiaux et des sports de contact comme la boxe, en particulier la boxe thaïlandaise – d'où l'origine et le nom du produit. Un onguent à l'odeur particulièrement forte qui sert à traiter différents types de lésions et blessures musculaires. Entorse, déchirure, élongation... Aussi utilisé avant un combat ou un effort physique, pour favoriser l'échauffement et la relaxation des muscles.

– Et il y en avait dans la chambre de Michael Fairbanks ?

– Oui. Inutile de préciser que je vois difficilement un homme comme lui avoir besoin d'un produit pareil... Mais dans tous les cas de figure, les traces que j'ai prélevées se trouvaient sur les parois du radiateur de la salle de bains, et non pas sur le corps de la victime.

– Elles sont récentes ?

– Oui. On pouvait encore sentir l'odeur dans les échantillons.

– Les traces étaient à quelle hauteur ?

– Dans les 80 cm/un mètre du sol. J'ai le chiffre exact quelque part si tu veux.

– Non, c'est bon. Il a pu les laisser en passant devant le radiateur ou en étant assis contre... Et vu le genre de produit dont il s'agit...

– C'était probablement pour une lésion musculaire qui se trouvait sur une partie du corps exposée, et non pas sous des vêtements.

– Genre main, poignet, nuque...

– Exact.

Les indices s'accumulent à vitesse grand V, sans toutefois me permettre de peindre un tableau exact de ce qui s'est passé dans la chambre.

– Tu as pu vérifier pour le tabac ?

– Oui. Les cendres qui se trouvaient dans le cendrier venaient bien du cigare à peine entamé. Marque Cohiba, haut de gamme cubain. Et je sais ce que tu t'apprêtes à me demander à cause de Duquesne : aucune cendre de cigarette à signaler – ni là, ni dans le reste de la chambre. Vu qu'il y avait des traces d'amidon de maïs sur l'extrémité non brûlée du cigare, tout porte à croire que c'est l'agresseur qui l'a écrasé dans le cendrier, et non pas Fairbanks.

– Ruban adhésif et sac plastique ?

– Le ruban adhésif est on ne peut plus standard. Marque 3M, adhésif toilé de gamme 3900, 48 mm de largeur. Le genre de produit qui traîne dans une bonne partie des garages de Vancouver et de sa région. Utilisé pour bricoler, attacher des câbles, fixer tout et n'importe quoi sur un VTT… La liste est quasiment sans fin. Le sac plastique est en revanche un emballage bien plus spécialisé, utilisé quasi exclusivement en milieu hospitalier. Stérile. Étanchéité garantie. Il sert généralement à sceller des produits potentiellement dangereux, ou semi-liquides. Il existe en plusieurs tailles et peut être acheté sur Internet ou via des réseaux de distribution spécialisés, comme les gants en PVC dont je t'ai parlé tout à l'heure.

Elle fait une petite pause et reprend en faisant glisser de nouveaux documents vers moi.

Document nº 1 : une photo d'arme électrique.

Document nº 2 : une série d'empreintes digitales.

Document nº 3 : une photocopie de la lettre et de l'enveloppe à mon nom retrouvées dans l'appartement d'Amelia Soares.

– L'arme utilisée sur la victime du Coast Plaza est un modèle de ce type. J'ai téléchargé les spécifications de deux ou trois modèles standard et il s'agit bien d'armes en vente libre, mais qui ne peuvent être utilisées au Canada qu'avec un permis. Quant à la centaine d'empreintes digitales qu'on a réussi à prélever dans la chambre…

Son regard balaie un long listing posé près de son coude : une série de noms dont certains ont été surlignés en jaune.

– L'écrasante majorité appartient à Michael Fairbanks, et une douzaine à des membres du personnel de l'hôtel.

– Tu les as identifiés ?

– Oui. Grâce aux fichiers quasi staliniens de Leslie Singh. Deux femmes de ménage, un employé de sécurité, et Leslie Singh en personne. J'ai aussi trouvé plusieurs empreintes qui appartiennent à Bruno Duquesne.

– Où ?

– Sur les clés de la Jaguar, le combiné téléphonique de la chambre, la poignée de la porte d'entrée et l'interrupteur de la pièce principale. Plus les deux qui se trouvaient sur le ruban adhésif, autour du cou de la victime, auxquelles on s'attendait déjà.

– Aucune dans la salle de bains ?

– Non.

Je me blinde en attendant la suite.

– Enfin… Document n° 3, l'enveloppe et la lettre…

Elle a l'air aussi mal à l'aise que moi.

– Papier standard, police d'écriture Arial 12, impression laser. Aucune trace de salive sur le rabat. Désolée, mais je n'ai rien pu en tirer…

– C'est bon.

Je change vite de sujet.

– Et du côté d'Amelia Soares ?

– Toujours aucun prélèvement possible sur la victime, et beaucoup moins d'indices dans son appartement que dans la chambre du Coast Plaza. Quatre traces de poudre d'amidon de maïs – sur l'un des interrupteurs du salon et sur le sac plastique – mais aucun prélèvement qui indique que son agresseur soit resté longtemps sur place. Pas de résidus de barres énergétiques, pas de dépôts de Baume du tigre. Pour l'instant, toutes les traces de sang – sur les éclats de verre de la fenêtre et sur le trottoir – appartiennent au même groupe sanguin que celui de la victime. Confirmé grâce à son dossier médical. Quant au sac plastique et au ruban adhésif, ils sont bien de modèles identiques à ceux retrouvés sur Michael Fairbanks.

– Il y avait des traces de poudre d'amidon de maïs sur les poignées des deux portes ? Chambre de Michael Fairbanks et appartement d'Amelia Soares ?

– Non.

– Sur le boîtier de sécurité de la chambre 3501 ?

– Non.

– Sur celui de la porte d'entrée du Holly Lodge ?

– Non plus.

– Sur la porte PK3 ?

– Rien non plus.

Elle exprime à voix haute ce à quoi je suis en train de penser.

– Ce qui semble indiquer que la personne que l'on recherche n'a pas touché les éléments en question – ou qu'elle ne porte de gants *que* quand il lui faut entrer en contact direct, tactile, avec ses victimes.

Je sens mon portable vibrer et j'attrape le combiné attaché à ma ceinture.

– Agent Kovacs.

– Kate, c'est Petersen.

Le responsable des urgences du St Paul's.

Je me redresse et je m'isole un peu.

– Je sais que tu as désespérément besoin d'informations sur l'une de mes patientes. Amelia Soares. Son état est toujours critique, mais stable. On s'apprête à la transférer en orthopédie pour une première intervention chirurgicale. Elle est sous morphine, lucide. Si tu passes dans le quart d'heure qui vient, je peux t'accorder une dizaine de minutes avec elle. Ce n'est pas beaucoup, mais…

– C'est bon.

Je fais signe à Connie de me contacter si elle a du nouveau et je sors du labo tout en continuant à parler.

– Tu peux me faire un bilan rapide de son état ?

J'entends le bruit de pages qu'on feuillette.

– Fractures multiples des membres inférieurs et dislocation du bassin. Un genou dont l'articulation a complètement implosé sous le choc. Lacérations profondes dans le dos. Aucun organe majeur de touché.

– Violences sexuelles ?

– Non.

– Traumatismes neurologiques ?

– Aucun a priori. Tous les réflexes de base sont là. Ce qui ne veut pas dire pour autant qu'elle s'apprête à reprendre d'ici peu une vie normale.

– Elle va garder des séquelles importantes ?

– Garanti. Absolument aucune chance qu'elle récupère une mobilité normale. Au mieux, elle se déplacera avec des béquilles ou une canne. Et même ça, c'est encore loin d'être gagné.

Je dégrafe le badge de visiteur accroché à ma veste, avec beaucoup plus de force que nécessaire, et je le rends à l'officier de garde posté à l'entrée.

– Elle vous a donné des détails sur ce qui lui est arrivé ?

– Non. Mais elle est d'accord pour te parler. Je lui ai déjà demandé.

– Merci.

Je plaque la main sur l'une des portes de parking et je déverrouille la Volvo à distance.

– Elle est où ?

– Bloc des urgences. Unité 12C.

– OK. J'arrive.

Et pour la deuxième fois cette nuit, je m'apprête à traverser le West End en mode d'urgence.

12.

ST PAUL'S HOSPITAL
1081 BURRARD STREET
04:41

– Mademoiselle Soares ?

La jeune femme allongée devant moi ouvre les yeux et met plusieurs secondes avant d'arriver à poser son regard sur ma silhouette. Avec des pupilles un peu trop fixes, dilatées par le cocktail de produits chimiques en train de couler dans ses veines.

– Mon nom est Kate Kovacs. Je suis officier de police. Le responsable des urgences m'a dit que je pouvais vous parler pendant quelques minutes, que vous étiez d'accord pour le faire… C'est toujours le cas ?

Elle fait glisser le masque à oxygène posé sur son visage et l'un des moniteurs qui entourent son lit se met à biper un peu plus rapidement.

Je jette vite un coup d'œil vers les lignes de chiffres superposées sur l'écran, et elle enchaîne avec un sourire triste :

– Ne vous inquiétez pas. Je le remettrai si les choses s'affolent trop. Je suis infirmière, j'ai l'habitude…

Elle me fait signe de prendre place à son chevet et je pose mes affaires sur une chaise orange, dans un des angles de la pièce : une de ces petites salles de triage qui semblent avoir été conçues pour plonger tout patient claustrophobe dans une terreur absolue. Quelques centimètres à peine entre murs et moniteurs, juste de quoi circuler des deux côtés du lit, et une lumière de néon verdâtre qui tire sur la fin de sa vie.

Seuil de saturation : trois personnes – patient alité inclus. Un chiffre qui devrait figurer sur le rideau qui sert de porte d'entrée, comme c'est le cas dans les cabines d'ascenseur.

– Je peux ?

Je lui montre mon dictaphone et elle acquiesce.

Sous ses draps, la forme d'appareils orthopédiques est visible. Sur son visage, des hématomes et coupures indiquent le côté sur lequel elle est tombée. Et plantés dans le dos de sa main droite, plusieurs tubes de perfusion font lentement leur travail.

– Vous vous souvenez de ce qui vous est arrivé ?

– Oui.

– Vous pouvez m'expliquer ce qui s'est passé ?

– Je vais essayer…

Il y a quelque chose d'étrange à la voir cohérente, lucide, après l'état dans lequel elle se trouvait sur le trottoir du Holly Lodge.

– Je rentrais du travail, après une journée de plus de douze heures à l'hôpital, et je me suis arrêtée sur la route pour faire quelques courses au supermarché, juste en face de chez moi. Puis je suis montée jusqu'à mon appartement, et… Et c'est là que j'ai été attaquée.

– À *l'intérieur* de votre appartement ?

– Non. Sur le pas de la porte, alors que je venais d'introduire la clé dans la serrure, que j'entrais. Je crois que j'ai eu le temps de faire quelques pas, dans le couloir, et j'ai brusquement senti quelque chose dans mon dos, quelqu'un… Et une violente douleur dans le cou.

Je ne peux pas m'empêcher de regarder les marques rouges qui descendent le long de sa carotide.

– Au début, je n'ai pas du tout compris ce qui m'arrivait… Je suis tombée sur le sol, et je ne pouvais plus bouger… C'était comme si j'étais paralysée. Je pouvais tout entendre, tout sentir, mais mes muscles refusaient de m'obéir… J'ai essayé d'appeler à l'aide, mais même ma voix ne marchait plus… Et après ça… Après ça, il m'a traînée jusqu'au salon, et il a verrouillé la porte.

Le bip du moniteur cardiaque s'emballe de nouveau et je fais une petite pause avant de reprendre.

– Vous avez réussi à voir le visage de la personne qui vous a attaquée ?

– Non. Il portait une cagoule sur la tête, une sorte de passe-montagne. On ne voyait que ses yeux et sa bouche.

– Sa peau était de quelle couleur ?

– Blanche.

– Et ses yeux ?

– Sombres. Noirs ou marron, je ne suis pas sûre.

– Vous avez remarqué ce qu'il portait ?

– Oui... Il avait une veste et un pantalon noirs. Et des gants, transparents, comme ceux qu'on utilise ici. En latex, ou en PVC.

– Vous pensez qu'il mesurait combien ?

– Dans les 1,80-1,85 m. Il était plutôt grand. Baraqué.

– Jeune ? Âgé ?

– Plutôt jeune.

– Vous avez senti une odeur particulière sur lui ? Du parfum ? De la transpiration ?

– Oui. Il sentait le tabac froid. Comme quelqu'un qui a passé sa soirée dans un pub où tout le monde fumait.

– Cigares ? Cigarettes ?

– Je ne sais pas. Ce n'était pas extrêmement fort, mais je déteste cette odeur. C'est peut-être pour cela que j'y ai été aussi sensible.

– Vous avez remarqué autre chose ?

– Oui.

Une vague de douleur traverse soudain son visage et elle vérifie les chiffres multicolores qui clignotent tout autour d'elle.

– Vous voulez qu'on arrête ?

– Non. C'est bon...

Elle ferme les yeux pendant quelques instants, et reprend, en faisant monter le masque à oxygène de quelques centimètres pour pouvoir profiter du flot d'air, tout en continuant à me parler.

– Oui, j'ai remarqué quelque chose d'autre… Il avait un problème de mobilité à la main gauche.

– De quel type ?

– Je ne suis pas entièrement sûre, mais je crois qu'il avait une légère déformation au niveau des métacarpes. Comme une fracture qui s'est mal ressoudée. Ce n'était pas très marqué, mais il ne bougeait pas exactement la main comme il aurait dû. Il avait une mobilité légèrement réduite.

– Sa main était immobilisée avec une attelle ? Un plâtre ?

– Non. Je n'ai rien vu.

Elle semble se souvenir de quelque chose.

– Mais quand il… Quand il s'est approché de moi, j'ai senti une odeur sur sa main. Une odeur de clou de girofle. Il avait probablement utilisé une crème de type Baume du tigre, ou quelque chose qui sentait à peu près la même chose.

Elle vérifie de nouveau les moniteurs sans que rien se soit mis à biper, et j'hésite à enchaîner. Parce qu'il me faut maintenant lui faire revivre le moment qu'on a toutes les deux soigneusement évité jusqu'à présent : l'attaque elle-même.

– Mademoiselle Soares…

Elle serre un poing.

J'hésite encore plus.

– J'ai besoin que vous me racontiez ce qui s'est passé ensuite, alors que l'agresseur était avec vous, dans le salon. Vous pensez pouvoir le faire ?

Elle hoche la tête.

– Vous êtes sûre ?

– Oui.

Elle avale plusieurs bouffées d'oxygène avant de se lancer, et je change légèrement de position pour bien avoir l'écran de son moniteur cardiaque dans mon champ de vision.

– Il… Il a sorti quelques affaires d'un petit sac à dos, et il s'est approché de moi, avec un rouleau de ruban adhésif, argenté, plutôt large. Il en a coupé un premier morceau, qu'il m'a collé sur les lèvres… Puis il m'a fait tourner sur le côté… Et… Je… Je l'ai senti glisser quelque chose autour de mon poignet gauche, mais je n'ai pas pu voir ce que c'était… Je ne pouvais toujours ni bouger, ni parler… Puis il m'a attaché les mains dans le dos.

– Il vous a dit quelque chose ?

– Non. Pas à ce moment-là.

Elle fait une nouvelle pause. Et je m'attends à voir Petersen débouler à tout moment en voyant les minutes s'écouler sur l'horloge accrochée au-dessus de nous.

– Il… Il a ensuite posé un sac plastique transparent sur le sol, juste devant moi… Et j'ai compris ce qu'il s'apprêtait à faire… Je me suis mise à paniquer, à essayer de me débattre, et j'ai dû réussir à faire quelques mouvements, parce qu'il m'a immédiatement donné une nouvelle décharge électrique. Au même endroit, dans le cou. Et c'est là que j'ai réalisé que j'allais mourir. Qu'il allait me tuer, probablement après m'avoir violée, et que je ne pourrais rien faire pour l'en empêcher.

Je sens ma respiration s'accélérer au même rythme que la sienne, et j'ai soudain du mal à garder le détachement que je m'étais pourtant juré de maintenir.

– Il… Il s'est accroupi devant moi, et il est resté comme ça, sans rien faire, pendant un long moment. Son visage à quelques centimètres à peine du mien… Comme s'il voulait que je le voie bien, que je ne puisse jamais oublier son regard… J'avais l'impression qu'il voulait me faire comprendre quelque chose, qu'il s'apprêtait à me tuer pour une raison bien précise… Mais je ne pense pas l'avoir jamais vu, le connaître…

– Il avait l'air comment ? Violent ? Menaçant ? Sous l'effet de stimulants ?

– Non… Et c'était probablement le plus bizarre… Il avait l'air calme, presque détaché. Comme si tout ce qu'il était en train de faire était une corvée, une mission, quelque chose qu'il était obligé d'accomplir… Il enchaînait des gestes cliniques, mécaniques. Il ne m'a jamais frappée, et il semblait même essayer de me toucher le moins possible, comme si j'étais sale, contaminée… Et c'est là que tout a changé.

– Qu'est-ce qui s'est passé ?

– Il a vu quelque chose, juste derrière moi… Je ne sais pas quoi… Mais il a paniqué. Il s'est redressé brusquement, et il s'est mis à parler, dans une langue étrangère… Je crois que c'était du russe, ou quelque chose comme ça… Une langue slave.

– Vous pensez qu'il y avait quelqu'un avec lui ?

– Non. Je crois qu'il se parlait tout seul, à lui-même. Comme les patients schizophrènes que l'on reçoit parfois aux urgences. Au départ, il avait l'air d'être en colère contre quelqu'un, puis il s'est mis à prendre un ton suppliant, à gémir, comme un enfant qui a peur.

– Vous vous souvenez de mots qu'il a prononcés, même de façon phonétique ?

Elle hésite.

– Oui. « Domovoï. » C'est quelque chose qu'il a répété à plusieurs reprises.

– Sur quel ton ?

– Suppliant.

– C'est tout ?

Elle hésite de nouveau.

– Oui.

Je continue. À contrecœur. Persuadée qu'elle ne m'a pas tout dit.

– Quand votre agresseur s'est mis à parler, vous savez dans quelle zone de votre appartement il se trouvait, même de façon approximative ?

– Il était dans mon dos, mais je pense qu'il se trouvait quelque part entre les étagères et le téléviseur qu'il y a contre le mur du fond.

J'essaie de me souvenir de ce qui se trouvait dans la zone en question. En vain.

– Il a parlé comme ça pendant combien de temps ?

– Un long moment. Probablement quelques minutes, mais pour moi, c'était une éternité. Et c'est pendant qu'il faisait ça, que j'ai commencé à retrouver des sensations normales dans le corps, alors qu'il était en plein délire, juste derrière moi… J'ai essayé d'attendre au maximum, de récupérer assez d'énergie pour me relever et m'enfuir… Et après quatre ou cinq minutes, j'ai décidé de tenter ma chance. Je me suis redressée, aussi vite que j'ai pu, et j'ai essayé de me diriger vers la porte d'entrée… Mais mes muscles étaient encore tout engourdis… J'avais du mal à retrouver mon équilibre avec les mains attachées dans le dos… Et en un éclair, je l'ai vu de nouveau apparaître devant moi… Avec un couteau à la main. Un de ces couteaux à crans, comme ceux de chasse ou de plongée… Et j'ai pris la seule décision que je pouvais à cet instant précis. Je me suis jetée en arrière… Vers la fenêtre… En me disant que c'était probablement la seule chance que j'aurais jamais de m'en sortir.

Elle se met à pleurer et je la revois sur le trottoir du Holly Lodge.

En train de gémir.

Entourée de sang et de morceaux de verre.

– Je suis vraiment désolée d'avoir eu à vous faire revivre une chose pareille.

– Ne le soyez pas. Je comprends.

Elle essuie ses larmes et je regarde l'heure. Mes dix minutes sont écoulées depuis longtemps.

– Mademoiselle Soares, il me reste juste deux ou trois questions à vous poser. Vous pensez pouvoir y répondre ?

– Allez-y.

Je sors vite une photo de Michael Fairbanks et je la place devant elle.

– Vous avez déjà vu cet homme ?

Elle regarde fixement le cliché.

– Non.

– Vous pensez qu'il est possible que vous l'ayez eu comme patient ?

– Oui, j'en vois tellement… Mais son visage ne me dit vraiment rien.

– Son nom est Michael Fairbanks.

Elle secoue la tête : toujours rien.

– C'est un homme d'affaires. Originaire de Toronto. Il a eu une crise cardiaque il y a environ neuf mois.

– Non. Désolée.

– C'est bon…

J'enchaîne.

– Avez-vous jamais loué une chambre au Coast Plaza, l'un des hôtels qui se trouvent sur Denman Street ?

Elle sourit.

– Non. Avec mon salaire, je pourrais difficilement me le permettre.

– Vous connaissez l'hôtel en question ?

– Oui. Il se trouve dans un quartier que je fréquente régulièrement.

– Vous fréquentez ce quartier pour quelles raisons ?

– J'ai plusieurs amis qui y habitent, et il est bourré de cafés et de restaurants pas trop chers. Je ne sors pas beaucoup, mais quand je le fais, c'est généralement sur Denman Street. Je dois… Je devais y aller deux ou trois fois par mois.

– Vous vous souvenez de la dernière fois où vous vous êtes trouvée dans ce quartier ?

– Probablement la semaine dernière. Pour prendre un café avec des amis.

– Où ?

Elle a l'air de plus en plus surprise par mes questions.

– Dans le Starbucks. Celui qui se trouve, justement, en face du Coast Plaza.

– Au cours des derniers jours, des dernières semaines, avez-vous remarqué quoi que ce soit d'inhabituel ? Un patient plus « étrange » que la moyenne ? Une personne qui vous aurait suivie ?

– Non.

– Vous êtes-vous sentie mal à l'aise ? Sur votre lieu de travail, dans la rue, chez vous ?

Elle hésite.

– Pas plus que d'habitude…

– C'est-à-dire ?

– Je vis seule et je travaille de nuit. Il m'arrive parfois de me sentir mal à l'aise quand je rentre et qu'il est tard, quand les rues sont presque désertes. Mais rien de plus… Je ne me suis jamais sentie « suivie » au sens propre du terme. Ce sont juste des choses qui font partie de mon quotidien.

– OK.

J'éteins le dictaphone et j'attrape mes affaires.

– Écoutez, je ne sais pas comment vous remercier. Je sais que tout cela n'a pas dû être facile pour vous et j'apprécie vraiment votre aide.

Je m'attends à ce qu'elle soit soulagée, qu'elle se détende un peu, mais à la place, elle me regarde fixement pendant un long moment. Avec ce même mélange de peur et de confusion qu'il y avait sur son visage quand je lui ai montré mon badge devant le Holly Lodge.

– Agent Kovacs ?

– Oui.

– Il y a quelque chose que je ne vous ai pas dit…

Elle baisse les yeux.

– Quand l'homme était en train de se parler, tout seul, dans mon dos… Il y a autre chose qu'il a prononcé plusieurs fois…

Je retiens mon souffle.

– Il a prononcé votre nom, « Kovacs », à plusieurs reprises… Et il avait l'air en colère, très en colère contre vous.

13.

ST PAUL'S HOSPITAL
1081 BURRARD STREET
04:58

– Je peux ?

J'attrape le téléphone fixe d'un des postes d'infirmières, et je compose le numéro de Keefe sans même attendre la réponse de la femme à qui je viens de m'adresser.

– Détective Green.

– Keefe, c'est Kate. J'ai besoin que tu lances immédiatement une nouvelle recherche.

Je sais que ses mains sont déjà posées sur un clavier d'ordinateur.

– Amelia Soares vient de me donner plusieurs informations sur la personne qui l'a agressée.

– Vas-y.

Je tire le cordon du combiné et je m'isole dans une des salles de garde qui donnent sur le couloir.

– Elle pense que son agresseur avait un problème de mobilité à la main gauche. Potentiellement une fracture des métacarpes mal ressoudée.

Comme prévu, j'entends le cliquetis de touches qu'on enfonce.

– J'ai besoin que tu passes en revue tous les patients qui ont pu être traités – et surtout qui ont *refusé* d'être traités – pour ce genre de blessures, en commençant par le St Paul's, puis en élargissant tes recherches à tous les autres hôpitaux et cliniques de la région.

– En remontant sur combien de temps ?

– S'il pouvait utiliser sa main de façon quasi normale, on parle d'une cicatrisation osseuse plutôt avancée, voire complète. Élimine donc les dix derniers jours, et concentre-toi sur les deux ou trois mois qui ont précédé. En tout cas pour commencer.

– Il portait un plâtre ? Une attelle ?

– Non. Elle n'a rien vu.

J'enchaîne.

– Par contre, elle m'a dit avoir entendu son agresseur répéter plusieurs fois la même chose. Un mot qu'il a prononcé au milieu de longues tirades, apparemment dans une langue slave… Quelque chose qui sonnait comme « Domovoï ». Aucune idée s'il s'agit d'un nom propre ou d'un mot.

J'hésite.

– Elle pense qu'il a aussi prononcé mon nom à plusieurs reprises.

Le cliquetis des touches s'arrête.

– Tu veux que je passe en revue les enquêtes sur lesquelles tu as travaillé, juste au cas où il y ait un lien ?

– Non.

Ma réponse est bien plus catégorique que je ne l'aurais souhaité.

– Je m'en occupe en rentrant. Je veux que tu te concentres sur la piste de la main et sur celle du mot « Domovoï ». Je veux savoir ce que cela signifie. Contacte un expert en langues slaves. Frappe le mot dans Google. Appelle le Kremlin. Ça m'est égal.

– Tu rentres de suite ?

– Non.

Je regarde ma montre.

– J'ai besoin de vérifier quelque chose au Holly Lodge avant.

Il y a un long silence à l'autre bout du fil.

– Tu veux que l'un d'entre nous vienne avec toi ?

– Non. C'est bon… Merci.

Il hésite de nouveau.

– Tu fais gaffe ?

– Promis.

– Et si tu as besoin de renforts…

– Je vous appelle.

Je repose le combiné sur son socle et en levant les yeux, je croise le reflet de mon visage sur un écran d'ordinateur éteint. Et je peux voir dans mon regard l'inquiétude que je viens d'essayer de cacher à Keefe.

14.

HOLLY LODGE

1210 JERVIS STREET

05:22

Le Holly Lodge est redevenu sombre, silencieux.

Ses murs de briques se dressent à nouveau dans la nuit avec l'aspect un peu menaçant de ces forts qui gardent les côtes isolées d'un pays.

Et à l'exception de quelques traces de sciure mal brossées entre les joints des pavés, il ne reste rien de la scène d'horreur qui vient de s'y dérouler.

Le rouge sang a disparu. Les cris se sont transformés en un silence profond. Et les flashs de gyrophares en une nuit épaisse, insondable.

Sauf que pour moi, cet endroit aura toujours la même signification, fera partie de ce calque d'images mentales que je peux superposer sur des centaines de lieux apparemment anodins.

Victimes.

Arrestations.

Indices matériels.

Et trop souvent, des regards remplis de terreur, comme celui d'Amelia Soares.

Je m'avance vers la porte d'entrée – une série de panneaux de vitrail encadrés par deux impressionnantes colonnes blanches – et j'essaie de me mettre dans la peau de la victime. Et de la personne qui l'a attaquée.

Je monte les deux marches qui mènent jusqu'au palier et j'entre le code dans le boîtier de sécurité.

Quatre chiffres.

Le verrou se débloque avec un bruit métallique.

Je continue…

Escalier ou ascenseur : vu les sacs qu'elle portait, Amelia a probablement choisi la seconde option.

Je prends sur la gauche.

Touche d'appel. Cabine un peu datée. Trois étages montés en une poignée de secondes.

Je sors de l'ascenseur et la porte 307 n'est qu'à quelques mètres : face à celle d'une sortie de secours. Je vérifie la cage d'escalier – sombre, oppressante. Puis je me plante devant la porte d'entrée d'Amelia et j'essaie de jouer les deux rôles.

VICTIME

Elle plonge la clé dans la serrure, les mains encombrées de sacs… Pousse le battant avec un coude ou un genou… Fait un pas ou deux à l'intérieur de son appartement…

PRÉDATEUR

Il sort de l'escalier de secours... Apparaît dans le noir du couloir... Plaque son arme électrique contre le cou de sa proie... Et tout est fini en un éclair.

Je me place derrière le battant pour essayer de voir si j'aurais pu sentir Adam, le voir arriver.

Yeux braqués sur la paroi de bois...

Esprit ailleurs...

Muscles des bras qui tirent...

J'aurais probablement senti sa présence, mais beaucoup trop tard.

Je soulève les bandes CRIME SCENE DO NOT CROSS collées devant moi, et j'entre.

J'imagine Amelia tomber sur le sol, incapable de se défendre, de bouger, ses muscles tétanisés... Puis Adam la tirer vers le salon et refermer la porte derrière lui. Sa proie désormais à sa merci.

Sur le palier, je peux voir les traces laissées par un produit liquide que devait contenir l'un des sacs plastique. Du Coca. De l'eau de Javel. Quelque chose qui a brûlé sur plusieurs centimètres la fine couche de vernis sur laquelle je suis en train de marcher.

J'appuie sur l'interrupteur de la pièce principale.

La fenêtre brisée a été condamnée avec un panneau de bois. Le reste du salon a bizarrement réussi à garder une bonne dose de chaleur humaine, malgré la vague odeur de désinfectant qui plane à travers la pièce.

Je m'accroupis à l'endroit où Amelia m'a dit avoir été ligotée.

Et j'ai du mal à continuer.

Elle peut voir son agresseur debout au-dessus d'elle. Elle ne peut plus bouger. Sa vie est entre les mains d'un homme qui n'aura pas la moindre hésitation à la tuer.

Je suis en train de trembler.

Je m'assois sur le sofa et la terreur que je viens de ressentir met plusieurs secondes à se dissiper.

J'essaie de reprendre mon calme… De me concentrer sur la raison principale qui m'a poussée à venir ici… Et je sors mon appareil photo numérique.

Je me dirige vers le mur du fond et je commence à chercher l'élément qui a pu déclencher l'épisode psychotique dont Adam a été victime.

Longue série de livres. Lampe d'appoint posée à même le sol. Canapé. Tas de courrier sur une table basse. Tableaux sur les murs.

Je m'arrête net.

Accroché entre étagères et téléviseur, il n'y a pas juste un tableau supplémentaire, mais une reproduction de codex mexicain. Un triptyque couvert de dizaines et de dizaines de glyphes superposés les uns sur les autres, dont un qui revient à plusieurs reprises… Plus coloré que les autres.

Je retiens mon souffle et je m'approche du glyphe en question.

Une représentation de tête d'animal…

Toutes dents sorties…

Celle d'un jaguar, couvert de sang.

15.

BUREAUX DU CSU
1135 DAVIE STREET
05:44

Je me gare sur le parking du CSU et je sors de la voiture en claquant des dents.

Je serre le nœud de l'écharpe enroulée autour de mon cou et je remonte le col de ma veste. Comme si cela pouvait effacer les effets de la fatigue et du manque de sommeil…

Je lève les yeux vers les deux fenêtres allumées au premier étage – salle de travail commune et salle de réunion – et je laisse mon regard glisser sur la masse sombre du St Paul's qui s'étend de l'autre côté de la rue.

Une série de bâtiments enveloppés par le halo de lumière de Downtown Vancouver. Entourés d'une forêt d'immeubles. De milliers de bureaux, appartements, cours, garages, jardins… De milliers d'endroits dans lesquels Adam peut se trouver à cet instant précis… En train de m'observer… De traquer sa prochaine victime… Sans que j'aie la moindre chance de pouvoir le localiser.

Je me penche pour attraper les affaires posées sur le siège passager et je décroche le portable en train de sonner à ma ceinture.

– Agent Kovacs.

– Elle n'aurait jamais dû mourir comme ça… Elle n'aurait jamais dû se jeter par la fenêtre…

Je me redresse brusquement et je vérifie que le voyant rouge de mon dictaphone est bien allumé.

– Ce n'est pas du tout comme cela que les choses devaient se passer…

Son ton est plaintif, mal assuré. Avec, en arrière-plan, toujours la même musique.

– Adam, écoutez-moi bien. La femme que vous venez d'attaquer n'est pas morte. Elle a été grièvement blessée, mais elle n'est pas morte. Si vous vous rendez maintenant, vous…

– Non !

Nouvelle explosion de colère. Comme pendant notre conversation sur Cambie Bridge.

– Adam…

– Non ! Vous mentez, vous êtes en train de me mentir ! Elle est morte, elle est forcément morte !

– Non. Elle a été grièvement blessée, mais ses jours ne sont pas en danger. Vous avez ma parole. Vous n'avez à ce jour commis qu'un seul meurtre. C'est…

– Vous ne comprenez pas ! Il fallait qu'elle meure !

J'essaie de garder mon sang-froid. De ne pas penser à Amelia Soares sur son lit d'hôpital, à quelques mètres à peine de là.

– Adam, calmez-vous…

– Non, non, non… Vous ne comprenez pas…

– Expliquez-moi.

Il y a un long blanc.

– Vous voulez que je vous explique ?

Je pivote sur 360º pour m'assurer que personne n'est en train de s'approcher de moi.

– Oui.

– Pourquoi il fallait que je la tue ?

– Oui.

– Parce qu'elle le méritait.

– À cause de quoi ?

– De ce qu'elle n'a pas fait.

– Vous voulez…

Il me coupe de nouveau la parole. Cette fois, avec un ton moqueur, presque joueur.

– Vous avez trouvé mon message ?

J'hésite.

– Oui. « La Latino. »

– Et l'autre ?

– Aussi.

– Ce n'est pas la seule chose que je sais sur vous, agent Kovacs…

Je pose une main sur la carrosserie glacée de la voiture et je change de sujet.

– Pourquoi vous vouliez tuer la Latino ?

– Je ne voulais pas la tuer. Il *fallait* que je la tue.

– Pourquoi ?

– FBI-1511191.

Mon numéro de badge.

Je continue comme si de rien n'était.

– Pourquoi vous deviez tuer la Latino ?

– Pour lui faire comprendre.

– Quoi ?

– Ce que cela fait.

J'entends un bruit mat à l'autre bout du fil, que je n'arrive pas à identifier.

– Il faut que j'y aille.

– Adam, non… Attendez !

Je plaque le combiné contre mon oreille.

J'entends une dernière note de piano.

Puis le début d'une longue plage de silence.

16.

BUREAUX DU CSU
1135 DAVIE STREET
05:56

– Il a eu ton numéro de badge comment ?

– Aucune idée.

– Et celui de ton portable ?

– Pareil.

J'éteins le dictaphone et j'attrape mon bloc-notes pour essayer de faire comprendre à Nick que la façon dont Adam est en train de me traquer n'est pas exactement le sujet sur lequel j'ai envie de m'attarder.

– Je croyais que tu étais sur toutes les listes rouges possibles et imaginables ?

– Moi aussi.

– Et que le FBI protégeait à mort les dossiers de ses agents ?

– Cela reste toujours le cas. Adam n'a pour l'instant réussi qu'à obtenir des informations de bas de gamme.

– « Pour l'instant »...

– Je sais.

Il comprend enfin le message et je me tourne vers Keefe.

– On en est où avec « Domovoï » ?

Il me regarde en souriant.

– Tu es prête ?

Il soulève l'une des feuilles posées devant lui, et un dessin à l'encre noire apparaît dans mon champ de vision : une créature monstrueuse, entre loup-garou et lutin à l'air maléfique.

– Je te présente le Domovoï…

Il baisse les yeux et continue en lisant ses notes à voix haute :

– Créature mythologique populaire en Europe centrale. Russie, Bulgarie, Pologne, République tchèque, etc. Traditionnellement, il s'agit d'un esprit bienveillant dont le rôle est de protéger un foyer auquel il a été assigné, généralement à vie. Petit, couvert de poils, il vit caché dans des endroits sombres comme caves et greniers – ou sous des meubles, poêles à charbon, tas de vêtements, etc. Chaque famille a son propre Domovoï, et il est fortement recommandé de le couvrir de cadeaux afin de s'assurer de sa loyauté. On peut par exemple lui offrir du lait, du pain, ou de vieilles bottes dans lesquelles il peut faire son nid… Cependant, malgré leur nature plutôt bienveillante, les Domovoïs peuvent aussi se transformer en véritables créatures monstrueuses. Ils ont le pouvoir d'attaquer les membres d'une famille pendant la nuit, de déplacer des objets à travers la maison, et sont souvent craints, surtout par les jeunes enfants. Et je peux vous dire que, personnellement, si j'avais eu à m'endormir en pensant qu'un truc pareil pouvait m'attaquer pendant mon sommeil, je n'aurais pas fermé l'œil de toute mon enfance.

Il fait semblant de jeter un coup d'œil terrifié vers le dessin.

– Pas exactement la fée Clochette…

Pour la énième fois depuis qu'on travaille ensemble, Keefe arrive à me faire rire, même pendant la pire des enquêtes.

– Et « Domovoï » ne veut rien dire d'autre ?

– Non, j'ai réveillé un expert en langues slaves pour rien. Il m'a dit exactement la même chose que ce que j'avais déjà trouvé sur Internet.

– Et ça se prononce bien « Domovoï » ?

– Oui. En tout cas en Russie et en Ukraine. Dans les autres pays slaves, il y a parfois des variations.

Il vérifie de nouveau ses notes.

– « Stopan » en Bulgarie, « Domaci » en Serbie, « Djadek » en République tchèque. Et je peux vous assurer que c'est vraiment le dernier truc que je pensais apprendre ce soir…

Il lève les yeux vers la série de photos que j'ai prises dans l'appartement d'Amelia Soares, alignées tout en haut du tableau blanc.

– Et tant qu'on est dans le bizarre… Tu avais raison pour le triptyque. Il s'agit bien d'une reproduction du codex maya – ou pour être tout à fait exact, de trois pages du Codex de Dresde. Le glyphe de jaguar représente l'un des principaux dieux mayas, le dieu des enfers, qui symbolisait aussi la différence entre jour et nuit. Quant à savoir ce que tout cela représente pour Adam…

– Je m'en occupe.

– OK. Et bon courage.

– Du nouveau côté cassettes vidéo ?

Je me tourne vers Nick.

– Oui. Trois tonnes de silhouettes et de visages isolés, et Craig vient à peine de commencer à remonter en arrière, au cas où Connie ait raison – ce qui, avouons-le, est plus que probable – et qu'Adam ait passé plusieurs heures, voire plusieurs jours à l'intérieur de la chambre de Fairbanks. Et jusqu'à présent, on a ça…

Keefe fait passer son ordinateur en mode de projection, et attend que Nick continue.

– À l'extérieur du bâtiment, on a une cinquantaine de personnes isolées…

Une mosaïque de visages apparaît sur l'un des murs de la salle.

– Pour l'instant, personne de fiché, et aucun comportement suspect. À l'exception d'un seul, que Craig a repéré à l'angle de Comox et de Denman Street…

Keefe continue à suivre le flot de paroles de Nick, et un élément de bande vidéo agrandi apparaît devant nous : une silhouette, plantée devant le faisceau d'un lampadaire. Un contour d'être humain rempli de noir, aussi impénétrable qu'un collage de Matisse.

– L'officier qui a filmé la scène visait apparemment la foule de badauds qui se trouvait juste *devant* la silhouette. Craig a fait passer la bande image par image, et c'est le meilleur qu'il ait réussi à obtenir. Après ça, la silhouette s'est enfoncée de nouveau dans l'obscurité de Comox Street, en restant constamment à contre-jour – ce qui a mis la puce à l'oreille de Craig… Parce que peu de personnes entrent *à reculons* dans un endroit plongé dans le noir.

J'essaie de visualiser l'endroit exact où se tenait la silhouette et Nick enchaîne, comme s'il pouvait lire mes pensées.

– Ça l'a aussi fait tilter parce que la silhouette t'avait en plein dans son champ de vision…

Nick tend un bras et son index apparaît en ombre chinoise en bas du cliché.

– 19:11:48. Quelques secondes à peine après que tu arrives sur Comox Street.

– Vous pensez sérieusement qu'il peut s'agir d'Adam ?

– Oui. Ce qui expliquerait non seulement comment il a eu accès au numéro d'immatriculation de ta Volvo, mais aussi à ton nom… Qui a dû être mentionné des dizaines de fois sur les talkies-walkies des officiers postés tout autour du carrefour.

Je n'arrive pas à détacher mes yeux de la silhouette.

– On a à peu près sa taille ?

– Dans les 1,80 m-1,90 m. Craig est quasiment sûr qu'il s'agit d'un homme, qui portait des vêtements sombres avec une capuche relevée sur la tête. Mais rien d'autre à part ça. Il a aussi réussi à confirmer que Bruno Duquesne était bien sorti du parking du Coast Plaza, quelques minutes à peine après qu'un taxi de la compagnie Black Top Cabs a déposé Michael Fairbanks à côté de sa Jaguar.

Trois nouveaux clichés apparaissent sur le mur.

Taxi noir et blanc avec Michael Fairbanks à bord.

Michael Fairbanks debout près de sa Jaguar.

Lexus décapotable rouge conduite par Bruno Duquesne, en train de quitter le parking.

– Rien d'exceptionnel à signaler pendant la séquence. Tout correspond pile-poil à ce que Duquesne t'a dit. J'ai aussi vérifié et il a bien pris un PV vendredi soir, à 23:24, sur le Lougheed Highway. Il s'est fait prendre par une caméra de la GRC, et ils l'ont en photo. Aucun doute possible. On attendait ton feu vert pour prévenir le VPD et le laisser rentrer chez lui.

– Tu peux le faire ?

– Illico.

Nick s'isole quelques instants avec son portable et Keefe enchaîne.

– Quant à la liste des clients du Coast Plaza, on n'a rien trouvé d'exceptionnel là non plus. Aucun « Adam », en nom ou prénom. Et personne n'a rien vu ou entendu. Les membres du personnel ont l'air aussi clairs que le responsable de la sécurité te l'a dit et pour l'instant, la seule ombre au tableau est l'absence totale de couverture de la porte PK3. On peut continuer à passer en revue des centaines et centaines d'heures d'images vidéo, cela ne change rien au fait que quelqu'un a pu se glisser sans problème dans le Coast Plaza par ce point d'accès. Le boîtier de sécurité de la porte en question est basé sur le même principe que ceux des chambres de l'hôtel. Si la personne qui a tué Michael Fairbanks a réussi à entrer dans la chambre 3501, elle a pu faire exactement la même chose avec la porte PK3.

– Comment ?

– En utilisant une carte – fabriquée ou volée – ou en désamorçant le mécanisme de sécurité.

– Aucun des membres du personnel n'a déclaré avoir perdu de carte « passe » ?

– Non.

– Et se fabriquer sa propre carte…

– Est plutôt facile avec un peu d'équipement et d'expérience.

Il change de dossier.

– Quant à la piste de la main « mal ressoudée », rien pour l'instant. Mais j'ai à peine commencé à contacter les différents hôpitaux et cliniques de la région.

– OK.

Nick nous rejoint – mission accomplie – et j'enchaîne.

– Craig a réussi à isoler quelque chose sur la bande du premier appel d'Adam ?

– Oui. La musique que tu as entendue…

Keefe appuie sur le clavier de son ordinateur et une série de notes se met à retentir dans la pièce.

– *Nocturne n° 1* d'Erik Satie. Premier morceau d'une série plutôt courte, « Cinq Nocturnes », composée en 1919.

Malgré moi, je me revois sur le pont, entourée de pluie et de reflets, à essayer de garder Adam en ligne.

– Il s'agit de compositions exclusivement au piano, qui durent chacune entre deux et trois minutes. J'ai vérifié, et c'est le même morceau qu'il y avait en arrière-plan pendant le deuxième appel. Toujours le premier.

Il coupe le son.

– Comme vous avez pu l'entendre, il y a quelque chose de presque mathématique dans l'enchaînement des notes, ce qui peut représenter un lien avec la tendance à tout coder et formater qui semble caractériser notre tueur.

– Autre chose sur la bande ?

– Non. Aucun autre bruit de fond utile, ou système de filtrage sonore à signaler.

– Tu peux faire passer une copie du deuxième appel à Craig ?

– Sans problème.

Je regarde ma montre.

– OK. Voici comment j'aimerais qu'on procède… Rentrez et essayez de récupérer en heures de sommeil.

On se retrouve ici, tous les quatre, vers 10:30, 11:00 dernier délai. Pendant ce temps, je vais essayer de faire un premier profil d'Adam.

– Tu vas vérifier si Adam te connaît au travers d'une de tes enquêtes ? CSU et FBI ?

– Oui.

Nick échange un long regard avec Keefe avant de reprendre – comme s'il s'apprêtait à me dire quelque chose dont ils avaient déjà discuté ensemble.

– Tu penses qu'il peut y avoir un lien *personnel* entre toi et Adam ?

– Comme ?

Ils ont l'air tous les deux gênés.

– Ce n'est peut-être qu'une coïncidence, mais tu as pensé à ton nom de famille ?

– Le fait qu'il l'ait prononcé pendant l'agression d'Amelia Soares ?

– Non. Le fait que ce soit un nom d'origine slave.

Un point pour eux.

Cela ne m'avait même pas traversé l'esprit.

– Le fait qu'on n'arrête pas de trouver des liens entre Adam et cette région du monde, et que Kovacs est un nom d'origine… tchèque ?

– Hongroise. Sauf que tout cela remonte à plus de deux générations.

– Peut-être… Mais il est possible que ce soit la raison pour laquelle il t'a choisie. Je ne sais pas. Qu'il veut établir des liens privilégiés avec toi plutôt qu'un autre officier, et comme tu n'es pas du genre à t'épancher sur ta vie privée… On ne peut vraiment pas t'aider sur ce coup-là. Il n'y a que toi qui peux le vérifier.

17.

BUREAUX DU CSU

1135 DAVIE STREET

06:17

J'entre mon numéro de badge et mon mot de passe sur la page de recherche affichée devant moi.

Logo du FBI dans un des angles. Connexion sécurisée.

Dans le noir de mon bureau, l'écran de mon portable est une source de lumière aussi gazeuse que celle qui teinte le ciel de Vancouver de l'autre côté de la fenêtre.

Je sélectionne l'option *Identité* et je tape *Adam* dans le rectangle vierge qui attend mes instructions. Puis je choisis un maximum de critères – noms de suspects, témoins, jurés, avocats et autres officiers de police que j'aurais pu croiser dans le cadre d'une de mes enquêtes – et je m'arrête en voyant l'option qui suit.

Limites temporelles. Deux dates à entrer.

Mes mains restent en suspens sur le clavier.

Je sens une vague de tristesse monter en moi et je ferme les yeux.

Je sais qu'il n'y a rien à faire, que cela fait partie des choses que je ne pourrais probablement jamais contrôler... Et des images d'une autre vie se mettent à défiler dans mon esprit sur fond de PowerBook qui bourdonne.

Portland, Oregon.

La palissade du jardin couverte de plantes grimpantes. L'odeur de la pluie à la nuit tombée. Le visage d'Aidan au réveil. Ses mains. Son sourire. Le vert de ses yeux.

Je plante les coudes sur le bureau et je pose mon front dans le creux de ma main.

C'est comme une longue dérive sur l'eau. Un flot qui m'entraîne à travers une période de ma vie tellement lointaine, tellement différente, que j'ai l'impression qu'elle n'a jamais existé.

Je revois mon ancien bureau du FBI... Le rouge des arbres du centre-ville qui s'assombrit de septembre à octobre... La forêt qui défile autour de nous...

Et tout s'arrête brusquement.

Dans une explosion de terreur et de douleur.

Le scénario que je ne pourrai plus jamais changer.

J'ouvre les yeux et j'ai encore l'impression de pouvoir entendre le son de sa voix, sentir ses doigts qui glissent sur ma peau...

Une impression tellement forte qu'elle me fait frissonner.

Je me redresse et je me replonge dans le halo de lumière de l'écran. Puis je tape les deux seules dates que ce système reconnaîtra. Une période jonchée de mensonges et de documents classés Top Secret.

Et les premiers résultats se mettent à défiler devant moi…

Gregory Adama, agent de la DEA.

Charles Adamson, père de victime.

Victor Adamek, braqueur de banque.

Adam Coupland, procureur adjoint de Colombie-Britannique.

Les noms se succèdent sans aucun respect pour une linéarité géographique ou temporelle.

Je mets l'écran en veilleuse et j'allume la lampe du bureau. Puis j'étale tous les documents dont je vais avoir besoin – rapports d'analyses, photos, transcripts, plan de Vancouver – et je commence à me mettre dans la peau d'Adam. Pour essayer d'anticiper ce qu'il s'apprête à faire, et l'empêcher de frapper à nouveau.

18.

BUREAUX DU CSU
1135 DAVIE STREET
11:00

« ADAM ».

J'écris le nom dans un des angles du tableau blanc et je me lance dans le compte-rendu des dernières heures que je viens de passer dans mon bureau.

– Premier aspect…

« MODE OPÉRATOIRE ».

Je continue à parler et à écrire en même temps. Debout face aux membres de mon équipe, assis tout autour de la table de la salle de réunion.

– Adam est loin d'être un tueur impulsif ou opportuniste, et il fonctionne à partir d'un mode opératoire qui peut être divisé en trois grandes phases…

« A. PÉRIODE DE TRAQUE ».

– Avant de passer à l'acte, Adam a besoin, par nécessité et par profil psychologique, de suivre ses proies. Pendant plusieurs heures, jours, semaines, mois… Encore impossible à déterminer à ce stade. Il se comporte en tueur de type prédateur, et, en raison des codes qu'il a laissés sur les poignets de ses victimes, on sait qu'il a au moins réussi à obtenir un élément de référence visuel sur elles, bien avant de les attaquer. Dans le cas de Michael Fairbanks, le type de véhicule qu'il conduisait. Dans le cas d'Amelia Soares, une appartenance ethnique, qui était plutôt facile à deviner. Au vu des endroits dans lesquels les deux victimes ont été attaquées, il est quasiment certain qu'Adam a dû ensuite faire des recherches pour localiser leurs lieux exacts d'habitation – adresse, numéro de chambre ou d'appartement – et se familiariser avec les différents systèmes de sécurité qui les protégeaient.

Je dessine un panneau d'avertissement, suivi par les lettres ID – « identité » – et je continue.

– Pendant cette période de traque, il est fort possible qu'il ait également utilisé ces points de référence visuels initiaux pour obtenir l'identité exacte de ses deux victimes – via Internet, observation sur le terrain, voire prise de contact directe avec ses proies. Ce qui nous amène à notre premier indice comportemental majeur : même si Adam connaissait probablement l'identité de ses victimes, ce n'est pas cette information qui figurait sur les bracelets qu'il a attachés autour de leurs poignets. Possible donc que le moment de « rencontre » initial soit la chose la plus importante à ses yeux. Que « Le Jaguar » et « La Latino » soit vraiment la façon dont il percevait ses deux victimes – ce qui voudrait dire qu'il a vu Michael Fairbanks pour la première fois dans, ou près de, sa voiture. Un moment clé sur lequel je reviendrai plus tard.

« B. PASSAGE À L'ACTE ».

– Une fois qu'Adam a rassemblé assez d'informations sur ses victimes, il ne frappe pas n'importe où. Il n'attend pas que ses victimes se retrouvent dans une position vulnérable, comme par exemple Michael Fairbanks ivre à la sortie d'un club, ou Amelia Soares seule un soir dans la rue. Il les attend, et les attaque, dans leur lieu même d'habitation. Là encore, un comportement typique de prédateur. Légère différence entre les deux attaques, puisque pour la première, Adam semblait attendre sa victime à l'*intérieur* de la chambre d'hôtel, alors que pour la seconde, il attendait Amelia Soares juste à l'*extérieur* de son appartement. Mais l'approche est la même : Adam est tapi dans un endroit sombre – pièce, escalier de secours – et frappe brusquement. Il a probablement attaqué Michael Fairbanks alors que ce dernier entrait dans sa salle de bains, et si l'on se base sur ce qu'Amelia Soares m'a dit, immobilise, quasi immédiatement, ses proies avec une arme électrique. Point important à noter… Il aurait pu sans problème tuer ses victimes à ce stade – avec une arme blanche ou une arme à feu – mais il ne l'a pas fait. À la place, il les a immobilisées, comme un animal plonge ses dents dans le cou de sa proie pour l'empêcher de se débattre, avant de la tuer et/ou de la déplacer. Il s'agit à la fois d'une technique d'embuscade et d'un besoin de maîtriser sa victime et de la laisser sans défense, le plus vite possible.

« C. ATTAQUE ».

– Dans le cas d'Adam, nous avons affaire à un profil complètement atypique. Certains de ses comportements correspondent à ceux classiques d'un tueur en série, d'autres s'en écartent complètement.

« POINTS COMMUNS ».

– Il laisse une signature – c'est-à-dire quelque chose qui, contrairement au mode opératoire, n'est pas nécessaire pour commettre un meurtre, mais qui est psychologiquement important pour un tueur en série. Il laisse des messages sur les poignets de ses victimes – des étiquettes qu'il a soigneusement préparées à l'avance et qui trahissent un besoin de coder, formater, la façon dont il aborde chaque attaque. Il utilise également la méthode de l'asphyxie, non pas comme une simple façon de tuer, mais aussi comme une signature, vu que Michael Fairbanks était déjà mort quand un sac plastique lui a été passé sur la tête. L'acte n'était pas en soi nécessaire, ce qui signifie que la mort par asphyxie est quelque chose d'extrêmement important, vital, pour notre tueur. Enfin, il a utilisé les mêmes éléments sur les deux lieux du crime : arme électrique, ruban adhésif, sac plastique – tous de la même marque… Ainsi qu'un même mode d'immobilisation : décharges électriques le long de la carotide, ligature des poignets et bâillon. À nouveau, des exemples de son besoin de tout contrôler, de s'assurer que les choses se déroulent exactement comme il les a préparées, imaginées…

Je dessine un second panneau d'avertissement.

– … Car nous avons affaire à quelqu'un qui suit une mise en scène bien précise. Pas tant dans la façon dont il positionne ses victimes – même si on ne sait pas comment il aurait positionné le corps d'Amelia Soares si cette dernière n'avait pas réussi à s'échapper – mais dans la façon dont il les traite. Sac plastique transparent : il porte une cagoule mais veut que ses victimes le voient ? Nuit : il frappe tapi dans les ténèbres, mais place le corps de Michael Fairbanks face à une baie vitrée, toutes lumières allumées ? Code : élément essentiel à son rituel, mais qu'il dissimule au lieu de le placer en évidence ? Détermination : extrême au point de m'appeler pour s'assurer que ses victimes sont bien mortes, mais combinée à une violence contrôlée ? On est en pleine contradiction. Et c'est probablement le principal problème à ce jour…

« DIFFÉRENCES ».

– Comme je viens de le dire, Adam se comporte à la fois comme un tueur en série classique, mais avec des variations uniques. Il ne semble pas motivé par un besoin de « posséder » ses victimes : viol, torture, mutilations… Il cherche à les contrôler, mais semble lui-même être contrôlé : par des voix qu'il entend, une personne fictive ou réelle à qui il parle, qui lui donne peut-être même des ordres…. Il fait preuve d'un manque total de pitié, mais fait tout pour limiter le degré de violence qu'il utilise… Et surtout, il ne semble pas tuer pour satisfaire une envie, mais par besoin. Parce qu'il a une sorte de mission à accomplir. Ce qui nous amène aux *raisons* qui le poussent à frapper ainsi…

« MOTIVATION ».

Je change de marqueur.

Première section en noir, seconde en rouge.

– A priori, on peut exclure vol, mobile à tendances sexuelles, violence sous impulsions incontrôlées, et probablement crime sur commande, au vu de l'aspect incroyablement personnel des deux attaques. Si Adam a été payé pour tuer Michael Fairbanks, et potentiellement Amelia Soares, il avait également un compte *personnel* à régler avec eux. Ce qui rend la théorie de l'exécution sur commande, au sens pur du terme, quasiment impossible. Reste donc le motif le plus probable.

« VENGEANCE ».

– Jusqu'à présent, tout porte à croire qu'Adam suit une liste de sept cibles potentielles, et sauf erreur de ma part, je dirais qu'on a affaire à une série d'attaques reliées à un même « centre de gravité ». Je pense que quelque chose est arrivé à Adam, qui implique les sept personnes en question, et qu'il cherche depuis à les éliminer. Une par une. Mais c'est à ce stade que nous avons un problème de taille…

Aspect numéro 3.

« PROFIL PSYCHOLOGIQUE ».

– Parce que je suis quasi certaine qu'Adam est schizophrène. Ou en tout cas, à tendance schizophrène.

Je fais une pause pour bien souligner l'importance de ce que je m'apprête à dire.

– Ce qui signifie que le centre de gravité que je viens de mentionner peut être réel, ou fictif. Qu'il y a peut-être, réellement, un lien entre Adam et les sept personnes qu'il cherche à tuer, ou un lien totalement imaginaire, qu'il est le seul à voir.

Je sens une vague d'impuissance traverser la pièce.

– Vous savez aussi bien que moi que, si nous avons affaire à un schizophrène, surtout non suivi médicalement, il peut souffrir d'hallucinations tellement puissantes que la limite entre réalité et fiction peut être totalement floue pour lui. Et, en se basant sur les « conversations » que j'ai eues avec Adam et la façon dont Amelia Soares l'a vu se comporter dans son appartement, je pense qu'il s'agit là d'un scénario bien plus que probable. Ce qui ne nous empêche pas pour autant d'étudier le comportement d'Adam, et de le traquer comme n'importe quel autre tueur.

Aspect numéro 4.

Marqueur vert.

« ZONE GÉOGRAPHIQUE ».

– Point absolument vital…

Je déroule le plan posé devant moi et je l'épingle sur l'un des murs de la salle.

– Encore une fois, en raison du profil atypique d'Adam, je suis arrivée à la conclusion suivante…

Je fais glisser mon index autour de la « zone rouge » que j'ai clairement définie à l'intérieur du West End.

– Contrairement à ce que font beaucoup de tueurs en série, je pense qu'Adam vit *et* frappe à l'intérieur d'un même secteur. Qu'il n'a pas besoin de zone tampon entre son univers personnel et ceux de ses victimes, et ce, pour trois raisons principales. 1) Je pense qu'il se comporte vraiment en prédateur, jusque dans son mode de vie, et qu'il considère la zone en question comme son terrain de chasse, une superficie qu'il contrôle et qu'il connaît parfaitement bien. 2) Cela correspond également à la façon dont il aime frapper, tapi dans l'univers même de ses victimes, capable de les observer pendant des heures, des jours, des semaines, avant de les attaquer. Ce qui lui permet aussi de se « fondre » dans la masse, de passer inaperçu pour mieux frapper… Et enfin, 3) Il est fort possible que le « centre de gravité » dont j'ai parlé tout à l'heure, se trouve à l'intérieur même de cette zone, et plus particulièrement autour du Coast Plaza… Le point d'ancrage de Michael Fairbanks – la personne qu'Adam voulait clairement viser en premier – et une zone que fréquentait régulièrement Amelia Soares.

Je dessine un rectangle sur le tableau et je passe à la série d'éléments isolés qu'il me reste à traiter.

Marqueur bleu.

– Autres points importants à signaler…

Devant moi, plusieurs pages de blocs-notes se mettent à tourner.

« PROBLÈMES DES COÏNCIDENCES ».

– Comme dans toute enquête où plusieurs crimes peuvent être liés entre eux, nous sommes confrontés à une longue série d'éléments qui *semblent* être connectés. Jaguar de Michael Fairbanks, jaguar dans l'appartement d'Amelia Soares, tête de félin sur l'emballage de Baume du tigre, comportement de prédateur du tueur… Problèmes médicaux de Michael Fairbanks, métier d'Amelia Soares, main « mal ressoudée », éléments paramédicaux utilisés sur les lieux de crime, maladie mentale… Nombres premiers, code-barres, expérience en informatique, enchaînement quasi mathématique des notes du *Nocturne*… Langue slave, évocation du Domovoï, origine hongroise de mon nom… Et le problème est d'arriver à établir s'il s'agit réellement de liens, ou de simples coïncidences…

Je dessine le glyphe de jaguar qui se trouvait à l'intérieur de l'appartement d'Amelia Soares.

– Dans le cas du jaguar, je pense qu'on a un lien. Qu'il s'agit à la base d'une coïncidence, mais qui a fait réagir Adam. Rien n'indique qu'Adam soit entré dans l'appartement d'Amelia Soares avant hier soir, et je doute qu'il ait pu anticiper qu'une chose pareille allait se trouver à l'intérieur. Je pense donc qu'il a vu une connexion entre l'emblème de jaguar sur la voiture de

Fairbanks, et celui-ci. Et que c'est probablement ce qui a déclenché l'épisode psychotique dont il a été victime.

– Et ton nom ?

Première question.

Nick.

– Je pense que cela faisait partie des éléments de son hallucination. Qu'il a peut-être peur du Domovoï, comme de moi... Ou d'être attaqué, pour de vrai, par le jaguar qui se trouvait sur le mur... Tout dépend du degré de réalisme des choses qu'il a vues et/ou entendues. Il se défendait peut-être contre une menace qu'il était le seul à percevoir dans la pièce.

Je tends le bras vers la grille « nombres premiers – alphabet » accrochée sur ma gauche.

– Quant aux codes, le lien est quasi certain. Je serais sciée si Adam n'était pas familier avec un univers où le formatage domine. Quel qu'il soit... Privé ou professionnel. Pareil pour le lien slave, même si je n'ai retrouvé absolument aucun lien entre l'origine d'une partie de ma famille, les personnes que j'aurais pu croiser au cours d'une de mes enquêtes, et un homme qui correspondrait au profil d'Adam.

Je dessine une croix, de type enseigne de pharmacie.

– Quant au lien médical, je pense qu'il s'agit en revanche d'une simple coïncidence.

Pour la première fois, je peux lire de la surprise sur les visages qui me font face.

– Le St Paul's est de loin le plus gros employeur du quartier, et si l'on prend en compte les gens qui y travaillent, plus les milliers de patients qui y sont traités chaque jour, le risque statistique est trop élevé pour qu'on puisse établir des liens tangibles. Il doit y avoir des centaines d'infirmières et d'internes qui habitent autour de l'hôpital, des centaines de familles à travers le West End qui ont un « lien », plus ou moins direct, avec l'hôpital. De même, si j'avais à trouver un sac plastique pour asphyxier quelqu'un, je chercherais probablement à acquérir un emballage à usage médical ou scientifique, garanti étanche. Pas un simple sac de supermarché. Sans compter que gants en PVC et produits paramédicaux utilisés sur les lieux de crime correspondent à la tendance « autiste » d'Adam, à son besoin de contrôler les choses et d'opérer dans un univers le plus organisé possible. Éléments stériles, étanches, de protection… Je pense que le lien est plus là que basé sur un univers médical.

– Même avec la main ?

De nouveau Nick.

– Tu ne penses pas que le fait qu'il souffre d'un problème qui, sauf erreur de ma part, montre qu'il n'a pas été pris en charge correctement, fait partie des liens importants ?

– Oui et non. De nombreux schizophrènes sont paranoïaques au point de refuser toute aide, y compris médicale. Il est donc possible qu'il ne s'agisse pas d'une « erreur médicale », ou d'un mauvais traitement, mais qu'Adam n'ait pas du tout été pris en charge en milieu hospitalier.

– Tu veux dire qu'il avait une main cassée, et qu'il n'a rien fait ? Qu'il l'a laissée se ressouder d'elle-même, n'importe comment ?

– Possible. Tout en gardant en mémoire qu'on n'a aucune idée s'il s'agit d'une blessure récente ou ancienne. Voire même d'une malformation congénitale.

Nick grimace et enchaîne.

– Et j'imagine que s'il s'agissait bien d'une fracture, la douleur a dû être…

– Insupportable. Pendant plusieurs jours, voire plusieurs semaines. Alors que les os se ressoudaient.

Même Connie réagit, en baissant les yeux, et je continue sur ma lancée.

« PERCEPTION ».

– L'un des principaux éléments que j'aimerais que vous gardiez tous en mémoire… Si Adam est effectivement schizophrène – et qu'il a été blessé, assez gravement pour laisser des séquelles visibles à l'œil nu –, nous avons également affaire à une victime.

J'écris le mot sur le tableau et je le souligne ; à la surprise générale.

– Personne ne *choisit* d'être schizophrène. Et l'écrasante majorité des tueurs en série ont passé leur enfance à être tabassés et molestés… Peu importe ce qu'Adam est en train de faire, il nous faut retrouver 1) son identité et 2) le centre de gravité qui le pousse à tuer – pas forcément dans cet ordre… Et pour cela, il ne faut pas le considérer comme un monstre, un être exceptionnel qui est né possédé par des pulsions démoniaques. Il s'agit probablement d'un jeune, frappé par une maladie mentale dont il n'a peut-être même pas conscience, en train de tuer pour des motifs qui ne sont peut-être même pas réels. Notre job n'est pas uniquement de l'arrêter pour l'empêcher de frapper à nouveau, mais aussi de l'arrêter parce que *lui* ne peut pas le faire. Ce qui ne veut pas dire qu'il n'est pas dangereux – bien au contraire… Ce qui ne veut pas dire que je suis en train de lui chercher des excuses – loin de là… Juste qu'il s'agit d'un être humain, et que le déshumaniser est l'une des pires erreurs que l'on pourrait commettre. Peu importe le degré de dégoût et d'horreur que vous pouvez ressentir devant les crimes d'Adam, il s'agit à la base de quelqu'un comme vous et moi.

Je jette un coup d'œil vers le panneau sur lequel se trouvent toutes les informations que nous avons rassemblées jusqu'à présent sur nos deux victimes.

« V1 »

« V2 »

Et j'hésite.

Je sais que le plan était de se répartir en deux équipes à ce stade : heures de sommeil pour Connie et moi, permanence pour Nick et Keefe… Mais je peux déjà voir une colonne supplémentaire s'ajouter sur le panneau.

« V3 »... Un homme ou une femme attaqué ce soir… À la nuit tombée…

Immobilisé… Ligoté… Asphyxié…

Je repose vite les yeux sur les membres de mon équipe.

– Des questions ?

Hochements de tête à la ronde.

« Non. »

Je regarde ma montre.

Si je ne rentre pas maintenant, il y a toutes les chances que je sois obligée de passer une seconde nuit blanche. À traquer Adam… Ou à enquêter sur sa troisième victime.

Je me rends donc à l'évidence et je décide de respecter mon plan initial.

19.

MAISON DE KATE KOVACS
3042 MARINE DRIVE
13:26

Le portail en métal se met lentement à coulisser devant moi, et la silhouette de la maison apparaît peu à peu de l'autre côté du pare-brise : deux étages accrochés à la falaise avec vue sur l'océan – l'un des rares endroits où je me sente en totale sécurité.

Je repasse une vitesse et je parcours les quelques mètres qui me séparent de la porte du garage.

Sous mes yeux, le tableau de bord est couvert de couleurs fluo. Dans le rétroviseur, la surface gris acier du Pacifique est striée de lames de fond. Et tout autour, le jardin est en plein combat contre les éléments.

Les arbres se débattent dans tous les sens… Les buissons tremblent comme si quelque chose, ou quelqu'un, les avait effrayés… Et même les façades en bois de la maison semblent avoir du mal à tenir tête aux bourrasques de pluie et de vent qui les attaquent de tous les côtés.

Il n'est peut-être que 13:30, mais le ciel a déjà cette noirceur un peu menaçante de tombée de nuit.

Je coupe le moteur – tellement crevée que je n'ai que très moyennement conscience des gestes que je suis en train d'enchaîner – et j'attrape les affaires posées sur le siège passager.

Puis je sors de la Volvo et je m'élance vers l'escalier de l'entrée.

Plus que quelques marches, et je serai enfin chez moi.

Le seul signe de vie qui m'accueille en entrant est un voyant de répondeur qui clignote.

J'appuie sur la touche PLAY et je souris en entendant la voix de Claire retentir à travers le hall d'entrée.

– Kate ? Ceci est une invitation très très importante... Est-ce que tu veux venir avec nous au cinéma cet après-midi ? Il y a un *super* dessin animé que je suis sûre que tu vas a-do-rer ! C'est celui dont je t'ai déjà parlé... Avec le poisson qui perd tout le temps la mémoire...

J'entends sa mère lui souffler la suite.

– La séance est à 14:00. Rappelle-nous si tu rentres à temps ! I love you !

Vu l'heure, je ne me donne même pas la peine de les rappeler. Elles sont probablement déjà sur la route.

J'allume le chauffage et je change de pièce.

Dans le salon, une lumière blafarde qui permet à peine de discerner le contour des meubles a tout enveloppé, et la baie vitrée est un rectangle de gris anthracite.

Exactement ce qu'il me faut.

Je dégrafe le holster de mon épaule… Le portable et le beeper de ma ceinture… Et je pose le tout sur la table basse. Puis je règle l'alarme de ma montre sur 15:30 et je m'allonge sur le sofa.

Deux heures de sommeil + douche.

Mieux que rien.

La sonnerie de mon portable me tire d'un sommeil lourd, désagréable.

J'attrape le combiné et je me redresse en regardant le rectangle bleu de l'écran :

14:03

Appel non identifié.

Adam.

Je me lève d'un coup, comme un boxeur prêt à affronter un nouveau round, et je vérifie que le voyant rouge du dictaphone est bien allumé avant de décrocher.

– Agent Kovacs.

– Vous êtes où ?

Je ne lui réponds pas.

– Votre voiture n'est pas sur le parking du CSU.

J'ai du mal à reprendre toutes mes facultés. Mes yeux me brûlent. J'ai froid. Mais Adam ne me laisse aucun répit.

– Vous êtes chez vous ? 3042 Marine Drive ?

J'attrape machinalement la crosse de mon Beretta et je sors l'arme de son holster. Dans la longue série de gestes mécaniques que j'ai enchaînés tout à l'heure, je n'ai aucun souvenir d'avoir rebranché l'alarme.

– Qu'est-ce que vous voulez ?

– Vous parler.

Dehors, la tempête fait toujours rage. Adam pourrait se tenir n'importe où au milieu de la végétation qui entoure la maison et, comme Amelia Soares, je ne le verrai probablement qu'au dernier moment.

Je m'éloigne de la paroi de verre et je me place dans un des angles de la pièce, entre baie vitrée et porte d'entrée.

– Vous avez peur, agent Kovacs ?

Sa voix est à la limite du murmure, intime. Avec, en bruit de fond, toujours la même série de notes... Tristes... Lancinantes...

– Non.

– Vous mentez. Vous savez forcément ce que cela fait.

– Quoi ?

– D'avoir peur. *Vraiment* peur.

– De quoi avez-vous peur ?

– Comme vous. De ne pas attraper mes proies à temps.

J'ai une milliseconde pour décider si j'essaie de lui faire croire que je le comprends, ou de me distancier au maximum de ce qu'il vient de dire.

Je choisis la deuxième option, le cœur dans la gorge.

– Mes proies sont moins faciles à attraper que les vôtres.

– Vous vous trompez. Vous êtes armée, je ne le suis pas.

– Et l'arme électrique que vous utilisez ?

– Elle ne peut pas tuer. Votre Beretta peut transpercer un corps humain à plusieurs mètres de distance.

J'ajuste nerveusement la position du 9 mm entre mes doigts.

– Vous voulez qu'on se rencontre ? Juste vous et moi ?

– Nous l'avons déjà fait.

J'ai l'impression que la pièce est en train de se refermer sur moi.

– Quand ?

– Hier. 19:11:22. Devant le Coast Plaza.

– Je vous connais ?

– Non. C'est le destin qui vous a mise sur mon chemin.

Il hésite un long moment.

– Agent Kovacs ?

– Oui.

– Pourquoi votre dossier du FBI est-il si bien protégé ?

Je suis tentée d'éteindre le dictaphone.

– C'est parce que vous avez quelque chose à cacher ?

– Ma vie privée ne vous regarde pas.

– Sauf que vous êtes en train de tout faire pour essayer de découvrir la mienne, n'est-ce pas, agent Kovacs ?

En un éclair, sa voix est passée de l'intime au menaçant.

– Vous voulez que je vous aide ? Que je vous donne un tout petit indice ?

– Allez-y.

– Regardez bien votre vie, agent Kovacs. Et vous comprendrez la mienne. Parce que, que vous le vouliez ou non, nous sommes tous les deux pareils : des prédateurs.

Et il raccroche en me laissant seule contre l'un des murs de mon salon, un 9 mm pointé vers les lattes du plancher.

20.

COMMISSARIAT CENTRAL DU VPD
2120 CAMBIE STREET
17:00

J'accroche la « zone rouge » que j'ai définie hier soir sur l'un des murs de la salle de conférence, et je me retourne pour faire face à la vingtaine de personnes qui attendent la suite de mes instructions : les officiers des dix patrouilles du D1 et D2 qui nous ont été assignées, et Nick – assis tout au fond de la pièce, comme quelqu'un qui s'est désigné pour fermer la marche d'une randonnée.

– Avant d'aller plus loin, j'aimerais tout d'abord insister sur le fait que toutes les informations que je suis en train de vous transmettre sont loin d'être exhaustives.

Après l'épisode d'Adam tout à l'heure chez moi, il y a quelque chose d'incroyablement rassurant à me tenir debout devant ce parterre d'hommes et de femmes, aussi déterminés que nous à attraper Adam.

– À ce jour, le seul élément de description physique significatif que nous ayons, est le léger problème de mobilité dont semble souffrir la personne que nous recherchons : main gauche, déformation possible au niveau des métacarpes. Et il me faut insister ici sur le mot « léger ». Pour autant que nous le sachions, la blessure, ou malformation, en question ne ralentit en rien les actes de notre suspect. Quant au profil que je viens de vous donner, il vous faut garder en mémoire que 1) le nom de la personne que nous recherchons n'est peut-être pas « Adam », et 2) malgré la quasi-certitude que nous ayons qu'il souffre de problèmes psychiques, il peut parfaitement être capable de fonctionner pendant plusieurs heures, voire plusieurs jours, sans le moindre épisode psychotique. Résultat : « Adam » peut être un homme à l'apparence tout à fait banale, capable de se fondre de façon anonyme au milieu d'une foule.

Plusieurs visages se tendent devant moi et je fais une petite pause pour renforcer la dernière phrase que je viens de prononcer.

Puis je pivote pour faire de nouveau face à la carte du West End.

– En ce qui concerne la zone géographique au sein de laquelle Adam est le plus susceptible, *statistiquement*, de frapper à nouveau, voilà ce que nous avons…

Je fais glisser mon index le long du périmètre que j'ai établi.

– La « zone rouge » s'étend sur plusieurs blocs, avec pour point central, ou centre de gravité, le Coast Plaza

Hotel. Tout porte à penser que cet endroit a une signification particulière pour la personne que nous recherchons, et jusqu'à présent, il s'agit du seul lien que nous ayons trouvé entre ses deux premières victimes.

Je n'en reviens pas d'avoir prononcé le mot « premières », consciente que c'est quelque chose dont Adam aurait été ravi.

J'enchaîne vite.

– Nous avons ainsi une superficie d'environ 1 km² à couvrir, qui regroupe dix rues principales qui se coupent en grille – cinq direction nord-est, cinq direction nord-ouest. Périmètre délimité par Chilco Street, à l'entrée de Stanley Park, Cardero, Pendrel et Haro Street. Inutile bien sûr de préciser qu'il s'agit là d'une zone particulièrement dense en population et tours d'habitation.

Je pose mon doigt sur deux des voies mineures, hachurées en rouge.

– J'ai également identifié deux points sensibles. Deux ruelles de service, que j'ai surnommées RS1 et RS2, qui donnent sur Denman Street. La première démarre entre le Starbucks et la Maria's Taverna, juste en face du Coast Plaza. La seconde est un peu plus bas, et longe l'arrière du Fat Burger. Dans les deux cas, il s'agit de voies particulièrement mal éclairées, entourées de cours privées, d'abris à ordures, et de places de parking non surveillées.

J'attrape un marqueur et je place un point noir sur la RS1, à l'angle du Starbucks.

– Voici comment j'aimerais qu'on procède… Je vais me placer à ces coordonnées…

J'ajoute un point à l'extrémité de la RS2.

– Le détective Ballard va se poster ici, et les cinq patrouilles du D1 vont sillonner les artères nord-ouest… Pendant que celles du D2 vont couvrir les artères nord-est.

Je trace plusieurs flèches à travers la zone rouge.

– Comme je vous l'ai déjà dit, je veux que cette opération se déroule dans la plus grande discrétion. Interdiction d'utiliser sirènes, gyrophares, et surtout, ondes radio, avant d'avoir repéré quoi que ce soit. Tout porte à croire que notre cible a d'excellentes connaissances en informatique et en électronique, et il est possible qu'il puisse écouter différents types d'appels : radios, talkies-walkies, voire portables. Je veux donc que nous fonctionnions tous sur la même fréquence – qui a été reliée à un système de rotation pour limiter les risques – et n'entendre une voix que si un suspect a été repéré. N'hésitez pas à donner l'alerte, mais essayez d'être aussi sûrs que possible avant de le faire. Dernier point…

J'accroche la photo d'un des modèles d'arme électrique qu'Adam a pu utiliser.

– L'homme que nous recherchons possède une arme de ce type. Particulièrement puissante. Capable d'immobiliser un adulte pendant plusieurs minutes après chaque décharge. Nous savons aussi qu'il a utilisé une arme blanche pendant l'agression de sa deuxième victime et qu'il semble avoir une étrange faculté à apparaître et disparaître, sans être vu, à la nuit tombée. Et même si rien ne l'indique pour l'instant, il est tout à fait possible qu'il ait aussi une arme à feu. Soyez donc tous sur vos gardes. En alerte maximum, à tout moment. Je ne veux pas voir l'un d'entre vous sur le terrain sans un gilet pare-balles en Kevlar renforcé. Niveau de protection IIIA. Des questions ?

Personne ne bronche et je conclus.

– OK. Début de l'opération à 19:00 précises. Le numéro de la fréquence radio, ainsi que les codes à utiliser pendant cette opération, sont dans le dossier que je vous ai remis. Relayez-vous pour faire des pauses si nécessaire. Si rien ne se passe, fin de l'opération à 07:00. Et encore une fois, merci pour votre attention.

Je regarde la pièce se vider, et je fais signe à Nick de fermer la porte une fois que nous sommes tous les deux seuls.

– J'ai repensé à ce que tu m'as dit hier… Au sujet des 1 %…

Il s'appuie contre l'une des tables et attend que je continue.

– Et… J'ai pensé que c'est quelque chose qu'on pourrait peut-être utiliser à notre avantage.

– S'il te plaît… Dis-moi qu'il ne s'agit pas d'un nouveau plan où toi et Adam devenez meilleurs amis.

– Non. L'inverse.

Il se tend immédiatement.

– Je vais me mettre en position sur la RS1, avec la Volvo.

Il comprend de suite où je veux en venir.

– Tu veux qu'on ajoute une flèche, juste au cas où il rate le CTK-211 ?

– Ce ne sera pas nécessaire.

Il sourit.

– Tu es sûre que c'est une bonne idée ?

– Non.

Nouveau sourire.

– Mais vu notre dernière conversation, il y a de fortes chances pour qu'il essaie de toute façon de me traquer ce soir… Que je sois en planque ou non.

– C'est pour cela que tu as choisi la ruelle qui donne sur le Coast Plaza ?

– Oui. Parce que je pourrais tout simplement m'y trouver pour enquêter sur la mort de Michael Fairbanks, et non pas pour essayer de le piéger.

– Sauf que pour que ça marche, il faut que tu fasses l'appât seule. Isolée.

– Je sais.

Il hésite.

– Et s'il mord à l'hameçon ?

– Je vous ai tous en *back up* et je suis armée. Au mieux, ma présence l'effraie et vous le récupérez quelques rues plus loin, s'il panique et commet une erreur. Au pire…

– Il essaie de t’attaquer.

– Ou d’entrer directement en contact avec moi. Mais encore une fois, je suis sûre à 99 % qu’il ne le fera pas.

– Pourquoi ?

– Parce qu’il a cessé de me considérer comme un simple adversaire.

21.

WEST END

RS1

19:01

Je me gare entre le néon vert du Starbucks et celui, bleu grec, de la Maria's Taverna, et je vérifie que j'ai bien choisi le meilleur emplacement possible.

PARE-BRISE : prêt à capturer le flot de véhicules et de piétons qui se croisent sur Denman et Comox Street.

RÉTROVISEURS : ajustés de telle façon que je peux voir le tracé complet de la ruelle, ainsi que l'entrée de la petite cour qui se trouve derrière le restaurant.

Mission accomplie.

Je coupe le moteur, et je pose talkie-walkie et portable sur le siège passager. Puis je vérifie que les bandes Velcro de mon gilet pare-balles sont bien collées contre mes côtes – un geste mécanique dont Leslie Singh aurait été fier – et je commence à observer l'univers étrange qui m'entoure…

En été, Denman Street est une artère bouillonnante de bonne humeur et d'excentricité. On y mange des glaces à 2:00, on y croise des couples fraîchement mariés suivis de leurs cohortes de demoiselles d'honneur, on y entend des éclats de voix venus du monde entier…

Mais ce soir, c'est un long ruban de bitume gorgé de pluie sur lequel personne ne semble vouloir s'attarder.

Les passants ont les épaules un peu voûtées et des visages difficiles à discerner sous des capuches et des cols relevés. Les voitures se collent de trop près, dans des nuages de gaz d'échappement. Et les devantures des commerces sont couvertes de buée. Alignées les unes après les autres comme des rectangles de calque derrière lesquels évoluent des silhouettes floues, à peine visibles.

Il n'y a rien de joyeux, rien de léger.

Juste un flot d'êtres humains qui se croisent sans se remarquer.

20:16.

Toujours rien.

Je me redresse sur le siège et j'essaie d'ignorer la boule de tension en train de se former dans mon épaule gauche.

Manque de sommeil.

Froid.

Le scénario classique.

Je serre et desserre plusieurs fois la main, plus par réflexe qu'autre chose, et je me remets en mode d'observation.

Devant moi, Denman Street est encore couverte de monde. Derrière, la ruelle est toujours aussi déserte.

Je m'attarde un moment sur le rétroviseur en voyant une silhouette apparaître dans la cour du restaurant – une jeune femme avec un tablier, qui jette un sac-poubelle en plastique au milieu d'un tas de cartons et d'ordures déjà impressionnant. Et je la suis du regard jusqu'à ce qu'elle disparaisse de nouveau à l'intérieur de la taverne.

Puis je vérifie l'écran de mon portable.

Toujours rien sur le réseau audio.

20:33

En moins de vingt minutes, l'atmosphère qui régnait sur le carrefour a changé du tout au tout. Plusieurs commerces ont fermé leurs portes et le flot de véhicules et de passants s'est transformé en débit au compte-gouttes. Il ne s'agit plus de rentrer chez soi le plus vite possible, mais de déambuler entre restaurant et cinéma, pub et café, le plus souvent en couple ou entre amis.

Notre premier coup de chance : parce qu'il y a de moins en moins de personnes seules.

Je commence à me concentrer sur les silhouettes isolées.

Un jeune avec un blouson en cuir qui traverse le carrefour. Un cycliste qui attache son VTT devant le Denman Mall. Un employé du Coast Plaza, encore en uniforme, qui sort de l'hôtel.

Et je repère soudain ma première cible potentielle.

Un homme, mains dans les poches, tête baissée sous une capuche… En train de s'avancer vers la Volvo.

Je reste parfaitement immobile et je le suis du regard.

Il longe la terrasse du Starbucks… Lentement… Nonchalamment… Et s'adosse contre l'un des murs du café, un pied relevé contre la paroi.

De là où je suis, je n'ai aucun moyen de voir son visage.

Je jette un rapide coup d'œil dans le rétroviseur – la ruelle est toujours déserte – et je reconcentre toute mon attention sur l'homme adossé devant moi.

Jusqu'à présent, rien n'indique qu'il ait repéré ma présence.

J'attends.

20:37

20:38

20:39

Il reste exactement dans la même position, collé contre le mur, à souffler de petits nuages d'haleine à intervalles réguliers.

Je jette vite un nouveau coup d'œil vers la ruelle… et je découvre avec horreur une deuxième cible potentielle.

Environ 20 mètres de la voiture : une silhouette noire qui semble glisser dans les ténèbres, avec des mouvements presque félins.

J'hésite.

Le suspect de la ruelle est encore loin. Celui du Starbucks à portée de main.

Je sors mon Beretta.

Si j'attends trop, l'un d'entre eux peut me repérer. Si je réagis trop vite, je peux compromettre l'opération pour le reste de la soirée.

Je fais basculer mon regard entre rétroviseur et pare-brise le plus régulièrement possible…

Doigts crispés sur la crosse de mon arme…

Et brusquement, tout change.

Le suspect du Starbucks fait soudain un pas en avant, et celui de la ruelle s'arrête net devant la cour du restaurant.

J'ai une main sur la poignée de la portière.

Je vois ma première cible sortir les mains de sa veste… Gauche en premier… Suivie par la droite… Et en un éclair, il combine les deux gestes pour allumer une cigarette.

Je regarde fixement le point de lumière orange qui se met à grésiller entre ses doigts, et la façon dont l'homme tient cigarette et briquet…

Sans le moindre problème de mobilité…

Et tout s'enchaîne soudain comme dans un cauchemar.

Mon portable se met à sonner.

Le voyant du dictaphone s'allume.

Et alors que je décroche et que j'entends la voix d'Adam à l'autre bout du fil…

– Agent Kovacs ?

Je vois un rectangle de lumière bleue entre les mains de l'homme de la ruelle.

L'écran d'un portable.

Tenu par une main légèrement déformée.

Et je ne suis plus que réflexes.

22.

WEST END

RS1

20:41

Je sors de la Volvo, talkie-walkie sur les lèvres, Beretta entre les doigts.

– Agent Kovacs à toutes les unités. Suspect sur la RS1. Je répète, suspect sur la RS1.

J'enfonce le combiné dans la poche arrière de mon jean et je m'élance en courant vers la silhouette qui a déjà pris plusieurs longueurs d'avance sur moi.

– Police ! Stop !

L'homme tourne sur la gauche.

Jardin privé.

Une clôture qu'il enjambe avec une agilité effrayante.

J'essaie de le suivre de près.

– Police !

Je saute à mon tour la clôture et je le vois bifurquer de nouveau.

Nouvel obstacle.

Cette fois-ci, le mur en béton d'une cour d'immeuble. Dans les 2 mètres de hauteur. Le genre de paroi qu'on m'a fait franchir des centaines de fois à Quantico.

Je glisse le Beretta dans son holster et j'attrape l'arête du mur à deux mains. Quelques secondes pour me hisser…

Je retombe de l'autre côté.

Surface couverte de dalles. Réception plus violente que la première.

Je recommence à sprinter, arme braquée vers le sol.

– Police !

Je peux de nouveau voir le suspect dans ma ligne de mire, mais il est toujours trop loin pour que je puisse faire quoi que ce soit.

Je continue à courir, les yeux braqués sur son dos.

– Police ! Stop !

Il s'engage sur un petit chemin qui coupe entre deux immeubles et brusquement, je le perds de vue.

J'accélère, le cœur dans la gorge, et après quelques instants, je retrouve enfin sa silhouette dans l'obscurité.

Au moment même où il s'apprête à traverser…

Comox Street.

Aveuglante de lumières et de phares de voitures.

Je le vois s'élancer à travers le flot de véhicules et j'entends enfin des sirènes, des pneus crisser tout autour de moi.

– Police !

Je sens quelques passants s'écarter sur mon chemin.

Des ombres dans ma vision périphérique.

Insignifiantes.

Parce qu'une seule chose compte : la silhouette en train de courir devant moi.

– Police ! Stop !

Je commence à sentir mes poumons lutter pour arriver à maintenir le rythme que je leur impose depuis plusieurs minutes et je me retrouve dans une autre ruelle de service. Aussi sordide que celle que je viens de quitter.

Un long boyau de noir jonché d'ordures et de poubelles qu'Adam négocie avec l'assurance de quelqu'un qui connaît parfaitement bien le terrain.

Je sais qu'il est en train de s'éloigner, à coups d'obstacles que j'ai le plus grand mal à identifier dans la pénombre, et soudain, il disparaît.

À quelques mètres à peine de la RS2.

Je me précipite vers le dernier endroit où je l'ai vu : un croisement de clôtures et de voies privées plongé dans un noir quasi parfait.

Et rien.

Du silence.

Pas un mouvement à l'horizon.

Juste un bout de ruelle pourrie entre une forêt d'immeubles et des dizaines de façons de s'échapper.

J'attrape le talkie-walkie et j'enfonce la touche TALK.

– Agent Kovacs.

J'ai le plus grand mal à parler.

– Suspect toujours en fuite… Je répète, suspect toujours en fuite. Vu pour la dernière fois à l'angle de la RS2... Je répète, RS2.

Je lève les yeux.

Aucun point de repère. Je suis au milieu de nulle part.

Je parcours les quelques mètres qui me séparent de la ruelle, Beretta toujours braqué vers le vide qui me fait face…

Et je tombe nez à nez avec Nick, en train de balayer lui aussi la pénombre avec son 9 mm.

– Tu l'as vu ?

Il secoue la tête.

Je repose le talkie-walkie sur mes lèvres.

– Quadrillage immédiat de la RS2... Je répète, quadrillage immédiat de la RS2... Suspect dans les 1,80 m-1,85 m... Veste noire à capuche… Pantalon sombre… Téléphone portable à écran bleu…

Je suis incapable de continuer.

Je fais signe à Nick de prendre la relève et je pose les mains à plat sur les genoux pour essayer de reprendre mon souffle.

Déjà persuadée qu'on ne retrouvera pas Adam ce soir.

– Tu as vu son visage ?

– Non.

Nick se plante devant moi et jette un rapide coup d'œil vers l'armée d'officiers du VPD déployée tout autour de nous avant d'enchaîner.

– Ça va ?

– Oui.

Un mensonge. J'ai envie de donner des coups de pied contre un mur. Ou mieux, d'avoir Adam menotté devant moi.

– Comment tu as su que c'était lui ?

– Il m'a appelée. J'avais un suspect en vue. J'ai entendu la voix d'Adam au bout du fil et j'ai vu un téléphone portable entre ses mains. Le suspect avait une main gauche légèrement déformée.

J'ai l'impression de faire des phrases incohérentes, qui s'enchaînent sans la moindre logique.

– Il t'a dit quelque chose au téléphone ?

– Non. Il a juste prononcé mon nom et je suis sortie de la voiture.

Je ferme les yeux pendant quelques instants et l'image d'Adam en train de courir devant moi se met à flasher dans mon esprit.

Je l'ai à portée de main.

Je l'ai dans ma ligne de tir.

– J'aurais dû ouvrir le feu.

La pensée qui me harcèle depuis le moment où j'ai vu Adam disparaître.

– Pardon ?

Nick se rapproche encore plus de moi.

– J'aurais dû ouvrir le feu.

– Sur un suspect qui s'enfuyait en courant ?

Je continue, comme si Nick n'avait rien dit.

– Je savais que c'était lui… Il était juste là… J'aurais pu…

– Quoi, Kate ? L'abattre d'une balle dans le dos ?

– J'aurais pu au moins essayer de l'immobiliser, de le ralentir…

– Kate, je te connais. Si tu avais eu une ligne de tir parfaite, tu l'aurais fait… Et tu sais aussi bien que moi que ce n'était pas le cas.

Il a raison, mais cela ne diminue en rien ma frustration.

Je pose de nouveau les mains sur les genoux.

Vidée.

Écœurée.

Et je repense soudain à l'endroit où Adam se trouvait quand je l'ai vu avec un portable entre les mains.

Juste devant la cour du restaurant grec… Devant le tas de sacs-poubelles et de cartons…

Devant un endroit on ne peut plus parfait pour cacher un cadavre.

23.

WEST END
RS1
20:52

– Couvre-moi !

Nick braque son Beretta vers le tas d'ordures qui s'étend sur plusieurs mètres devant moi et je fais glisser le faisceau de ma torche électrique de surface en surface.

Sacs plastique noirs couverts de gouttes de pluie. Tas de cartons aplatis. Paroi métallique de poubelle. Un panoramique de détritus qui semble n'en plus finir.

Je soulève deux ou trois sacs plastique.

Rien dessous ou derrière.

Je fais glisser le faisceau sous le container de métal, derrière plusieurs sacs de canettes, le long d'un mur couvert de graffitis…

Toujours rien.

Derrière nous, je peux entendre Vaughn et Williams en train de barrer l'entrée de la RS1. La sirène d'une équipe du 911 prête à passer à l'action. Des voix de passants sur Denman Street.

Une cacophonie à laquelle s'ajoutent les battements de mon cœur. Dans ma poitrine, dans ma gorge, dans mes oreilles. Comme un martèlement déterminé à se faire entendre par tous les moyens.

Je m'attaque à la pile de cartons… Aplatis… Coincés dans l'angle le plus sombre de la cour… Et sans que j'aie rien à dire, un second faisceau de lumière se joint au mien.

– C'est bon ? T'y vois assez ?

– Oui. Merci.

Je sens Nick changer de position pour continuer à bien me couvrir, et je soulève une première couche de carton – sous laquelle je découvre une bâche en plastique bleue.

– Kate ?

Je soulève quelques couches supplémentaires, en essayant de ne pas penser à ce qui pourrait se trouver juste dessous, et un bout de couverture à carreaux écossais apparaît entre mes doigts.

– Fais gaffe…

Le faisceau de Nick se colle juste à côté du mien et, sous les deux cercles de lumière, je réalise que bâche et couverture sont enroulées autour de quelque chose. Posé à même le sol.

– Nick ?

– C'est bon. Vas-y. Je t'ai…

Je soulève l'un des angles de la couverture…

Lentement…

En éclairant bien chacun de mes gestes…

Et je la vois soudain.

Une main.

Suivie par un coude.

– Kate !

Je tire le tissu écossais… Épaule… Cou…

Et alors que je ne suis plus qu'à quelques millimètres d'un visage, le corps se met brusquement à bouger.

– Police !

Je fais instinctivement un pas en arrière, en essayant de braquer le faisceau de ma lampe sur l'homme qui vient de bondir hors de la bâche.

– Ne me faites pas de mal ! S'il vous plaît ! Ne me faites pas de mal !

Il se plaque contre l'un des angles de la cour, recroquevillé dans la couverture écossaise, et j'écarte vite les doigts de ma main droite pour lui montrer que je ne lui veux pas de mal.

– Police… Restez calme…

Ses yeux sont écarquillés de peur. Son visage mangé par une barbe de plusieurs semaines et des cheveux hirsutes, sales.

– Vous n'avez rien à craindre… Nous voulons juste vous parler… Vous avez ma parole…

Je m'accroupis devant lui et il se recroqueville encore plus dans l'angle du mur.

– S'il vous plaît… Non… Ne me faites pas de mal…

Malgré les deux bons mètres qui nous séparent, je peux sentir l'odeur de son corps. Et les relents d'alcool qu'il y a dans son haleine.

– Écoutez… Regardez-moi bien… Je vais vous montrer mon badge, je suis officier de police.

Je fais basculer ma plaque pour qu'il puisse bien la voir.

– L'homme qui se tient juste derrière moi est lui aussi officier de police. Vous avez ma parole, nous voulons juste vous parler.

– De quoi ?

Il me regarde fixement, et malgré le peu de visage que j'arrive à voir entre poils et cheveux, je lui donne facilement dans les 70 ans.

– Il y avait un homme debout, juste là, tout à l'heure…

Je me retourne pour lui montrer l'endroit où j'ai vu Adam décrocher son téléphone.

– Vous l'avez vu ?

Il secoue la tête.

– Cela vient juste de se passer. Il y a moins d'un quart d'heure.

Il secoue de nouveau la tête. Je n'ai pas la moindre idée s'il comprend ce que je suis en train de lui dire.

– Vous pouvez me donner votre nom ?

Il ne me répond pas.

– Le mien est Kate Kovacs. Je suis officier de police. Et le vôtre ?

– Harvey.

– OK, Harvey… Je peux m'approcher un peu plus de vous ?

– Si vous voulez.

Je fais un pas de plus dans sa direction.

– Vous êtes vraiment sûr de ne pas avoir vu l'homme dont je viens de vous parler ? Plutôt grand. Habillé en noir. Avec une capuche sur la tête.

– Non. Je dormais.

– Vous l'avez peut-être vu une autre fois ? Une autre nuit ? Il a un téléphone portable avec un écran bleu et un problème à une main.

– Vous voulez parler de l'homme à la main cassée ?

– Vous connaissez « l'homme à la main cassée » ?

Ses paupières papillotent… Puis restent un long moment baissées.

– Non. Mais je l'ai vu plusieurs fois.

– Où ?

Il se met à bâiller.

– Je ne veux pas en parler.

Il écarte les pans de la couverture avec de grands gestes de chauve-souris, pour s'envelopper un peu mieux dedans. Et j'ai à peine le temps de voir les vêtements qu'il porte – une sorte d'uniforme bleu élimé avec des galons sur les épaules – et de noter l'absence de code accroché autour de son poignet.

– Harvey, vous savez où l'homme à la main cassée habite ?

Il s'allonge à même le sol.

– Harvey ?

– Laissez-moi tranquille. J'ai sommeil.

– Harvey… Non ! J'ai besoin que vous restiez éveillé.

Sa tête vient se coller contre le bitume gorgé de pluie et il replie les bras autour de son visage.

– Harvey, s'il vous plaît…

Il se blottit lentement en position du fœtus sous le 8 de nos deux lampes électriques…

Et je n'ai plus devant moi qu'un cocon d'être humain, enveloppé de carreaux écossais.

24.

BUREAUX DU CSU
1135 DAVIE STREET
21:23

– Vous pensez qu'il sera lucide dans combien de temps ?

– C'est difficile à dire...

Je traverse la salle commune, agacée que le médecin qui vient d'examiner « Harvey » ne m'ait pas répondu de façon plus efficace. Genre chiffre + heure. Pourtant pas si difficile.

– Environ ?

Je jongle avec le téléphone pour enlever ma veste et me débarrasser au plus vite des odeurs de la ruelle.

– Dans les 12-14 heures.

– Pas avant ?

– Non. Désolé.

Je baisse un pouce vers le sol pour transmettre l'information à Nick et Keefe, et je passe dans mon bureau.

– Son taux d'alcoolémie était de 4,76 g/l quand je l'ai examiné. Je ne sais même pas comment il a réussi à vous parler. Et si j'étais vous, je ne me fierais pas trop à ce qu'il a pu vous dire. Dans le meilleur des cas, si vous passez demain vers les 10-11 heures, il devrait être à peu près cohérent. Avant ça, je ne vous garantis rien.

– Il est toujours au commissariat central ?

– Oui. Cellule sous surveillance médicale. SM2.

– OK. Merci.

Je raccroche et j'attrape le sac d'affaires posé à mes pieds.

Derrière les lattes du store vénitien et la paroi vitrée qui séparent mon bureau de la salle commune, je peux voir Nick et Keefe déjà en plein travail.

Jusqu'à présent, la fouille du West End n'a rien donné... L'identité de l'homme que nous avons trouvé dans la ruelle n'a toujours pas été établie... Et pour la deuxième fois d'affilée, la nuit s'annonce longue.

Je fais glisser le sac sur mon épaule, et je me dirige vers la salle de bains.

Je m'asperge le visage d'eau glacée et je plaque une serviette-éponge sur ma peau pour ne pas mouiller le T-shirt propre que je viens d'enfiler. Puis je relève les quelques mèches de cheveux qui sont venues se coller contre mon front et je sors une veste polaire de mon sac.

Un vêtement noir à ajouter au jean et au T-shirt noirs que je porte déjà.

Le reflet parfait de ce que je ressens.

Je me regarde une dernière fois dans la glace – cernes sous les yeux, pâleur plus marquée qu'à l'ordinaire – et je me demande pour la énième fois si j'ai vraiment fait tout ce que je pouvais dans la ruelle. Si j'aurais pu réagir plus vite… Différemment. Si je viens de donner à Adam l'opportunité de tuer à nouveau.

Et je le revois disparaître dans la nuit.

Je plonge les bras dans les manches de la veste – gauche en premier, un réflexe que je n'ai jamais perdu – et alors que je suis en train de refermer mon sac, mon portable et mon beeper se mettent à sonner en même temps.

Je décroche d'une main.

– Agent Kovacs.

– Central. Nous avons un nouvel appel pour vous. Une jeune femme portée disparue. Vue pour la dernière fois sur son lieu de travail il y a environ une heure. Aucun signe de vie depuis. Lien possible avec l'agression du Holly Lodge.

Je ferme les yeux.

C'est un cauchemar.

Forcément un cauchemar.

– Quel « lien » ?

– Elle habite en plein dans le périmètre que vous avez défini ce matin, dans la zone rouge.

L'opératrice fait une petite pause avant d'enchaîner.

– Et elle est cardiologue au St Paul's.

25.

WEST END
DAVIE STREET
21:55

– Toujours aucune trace de sa voiture ?

– Non.

Le ton de Nick est aussi abrupt que le mien.

Je mets le clignotant et je négocie le carrefour de Davie et de Denman Street avant de reprendre.

– Aucun doute possible sur la description du véhicule ?

– Non. Jeep Toyota rouge. Modèle Land Cruiser. Plaque d'immatriculation VCR-913. Le VPD a déjà fait circuler une photo et des informations sur la personne que l'on recherche. Julia Hewson. 37 ans. Mariée, un enfant. Employée au St Paul's depuis environ douze ans. Nom du mari : Paul Hewson.

– On sait si elle et Amelia Soares se connaissaient ?

– Oui. Elles ont travaillé à plusieurs reprises ensemble. Mais ça n'a pas l'air d'aller beaucoup plus loin que ça, en tout cas pour l'instant.

– Elle a été vue où pour la dernière fois ?

– Dans un des couloirs du service de cardiologie. Tout indique qu'elle s'apprêtait à rentrer chez elle.

– Il y a combien de temps ?

– Près d'une heure.

– Aucun incident à signaler sur les rues qu'elle aurait pu emprunter pour rentrer ?

– Non.

– Et le VPD a déjà fouillé…

– Oui. Tous les parkings de l'hôpital, plus celui de l'immeuble dans lequel elle habite, l'Eugenia Place. Et rien.

Devant moi, je peux maintenant voir le faisceau d'un gyrophare solitaire flasher dans la nuit… Un point de lumière qui me fait penser à ces croix qu'on peignait autrefois sur les portes de pestiférés. Le signe qu'un terrible malheur vient de frapper. Au hasard, dans le noir.

– OK. Je veux que tu organises un quadrillage systématique de tous les blocs qui entourent, et qui séparent, les deux adresses.

– Y compris Stanley Park ?

– Y compris Stanley Park.

4 km^2 de végétation épaisse et de sentiers sans le moindre éclairage à la nuit tombée – traversés par une poignée d'artères routières.

– Priorité aux aires de stationnement, privées et publiques.

– Pas de problème.

Je me gare derrière la voiture de patrouille du VPD.

– Écoute, Nick, je viens d'arriver. Appelle-moi si tu as du nouveau. Je te tiens au courant si j'arrive à obtenir quelque chose du mari.

– OK.

Je raccroche et je sors de la Volvo.

Je mets mon portable et mon beeper en mode vibreur.

Puis je lève les yeux et je regarde la silhouette du 1919 Beach Avenue qui se dresse devant moi.

19 étages. 19 appartements.

L'une des adresses les plus prestigieuses de la ville, reconnaissable au chêne centenaire qui se dresse sur la terrasse du dernier étage.

Une tour de verre bleutée qui offre une vue à 360º sur tout ce qui fait le charme de Vancouver : forêt, océan, gratte-ciel et montagne.

Un endroit qui devrait faire rêver, mais que je ne pourrais trouver plus sordide à ce moment précis.

26.

APPARTEMENT DE LA FAMILLE HEWSON
1919 BEACH AVENUE
22:05

– Monsieur Hewson… Je sais qu'une unité du VPD est déjà passée vous voir, mais j'aimerais vous poser quelques questions supplémentaires sur votre épouse. Je peux ?

– Bien sûr…

Il me fait signe de prendre place sur un des fauteuils rouge vif qui semblent ponctuer le décor de son salon – une pièce aux murs blancs et au mobilier spartiate. Et je me retrouve face à une série d'images encadrées au-dessus d'une cheminée. Trois photos de femme en train de jouer avec un petit garçon. Radieuse. Longs cheveux blonds. Yeux clairs. Le genre d'instants pris sur le vif qui en disent long sur une personne.

– C'est Julia, ma femme. Et notre fils, Jack. Il vient d'avoir 2 ans.

Je repose mon regard sur Paul Hewson – la quarantaine, petites lunettes, sourire triste – et je le vois vérifier de nouveau l'écran de son portable en se mordant les lèvres. Quelque chose qu'il a déjà dû faire trois ou quatre fois depuis que je suis entrée dans la pièce.

– Monsieur Hewson…

Je sors un bloc-notes.

– Quand avez-vous vu votre épouse pour la dernière fois ?

– Vendredi soir. Juste avant qu'elle parte travailler. Elle est cardiologue au St Paul's… Elle était d'astreinte pour le week-end, et dans ce cas-là, elle reste généralement sur place jusqu'au dimanche soir. Sauf si Jack est malade, auquel cas elle s'absente parfois pendant quelques heures pour passer le voir. Mais tout allait bien ce week-end.

– Elle a quitté votre domicile à quelle heure ?

– Autour de 21:00.

– Et elle devait rentrer quand ?

– Ce soir. Pareil, autour de 21:00.

– Vous l'avez eue au téléphone pendant les deux derniers jours ?

– Oui. À plusieurs reprises. Moi et Jack.

– Elle a mentionné quoi que ce soit qui aurait pu vous sembler étrange, inhabituel ?

– Non.

– Elle avait l'air inquiète ? Perturbée par quelque chose ?

– Non. En tout cas, elle ne m'a rien dit.

– Monsieur Hewson, je suis désolée d'avoir à vous poser la question, mais est-il possible que votre épouse ait *choisi* de ne pas rentrer ce soir ?

– Pardon ?

– Est-il possible que votre épouse ait voulu « disparaître » ? Ne pas rentrer ce soir de son plein gré ?

Il me regarde droit dans les yeux ; effaré.

– Non.

Sa réponse aurait difficilement pu être plus catégorique.

– Il n'y a absolument *aucune* chance que Julia ait décidé de ne pas rentrer ce soir.

– OK…

Je continue à passer en revue les différents scénarios possibles.

– Quand avez-vous eu votre épouse au téléphone, pour la dernière fois ?

– Ce soir. Autour de 20:15.

– Que vous a-t-elle dit ?

– Qu'elle s'apprêtait à rentrer. Qu'il lui restait juste un dernier patient à voir et qu'elle en aurait pour une demi-heure, au max. Jack était encore éveillé, et elle voulait essayer de le voir avant qu'il s'endorme.

– Elle n'a rien mentionné d'autre ?

– Non. Juste l'habituel. Vous savez… Le genre de mots qu'on échange entre mari et femme.

Il baisse les yeux et ses mains se crispent sur le portable.

– Monsieur Hewson, que s'est-il passé ensuite ?

– Rien. J'ai lu une histoire à Jack, puis une autre… Et il a fini par s'endormir.

– Il était quelle heure ?

– 21:22. Je m'en souviens parce que j'ai regardé ma montre et que j'ai commencé à m'inquiéter.

– Vous avez essayé de rappeler votre femme ?

– Oui. Mais elle n'a pas décroché. Je lui ai juste laissé un message sur son portable et sur son beeper.

– Et ?

– J'ai attendu... Pendant une dizaine de minutes, en pensant qu'elle allait me rappeler... Mais comme elle ne l'a pas fait, j'ai appelé directement l'hôpital, pour voir si quelqu'un savait où elle se trouvait. Et c'est là qu'une des infirmières m'a dit qu'elle avait vu Julia quitter les urgences, près d'une heure plus tôt.

– Elle en était sûre ?

– Oui. Parce que Julia a bien fait comprendre à tout le monde qu'elle ne voulait pas s'attarder. Qu'elle voulait rentrer à la maison le plus vite possible. Alors j'ai appelé le 911.

– Vous pensez qu'il y a une chance que votre épouse se soit arrêtée sur la route ? Pour faire une course ? Rendre visite à quelqu'un ?

– Non. Elle m'aurait appelé si elle l'avait fait. Et elle ne débranche jamais son beeper, même quand elle n'est pas de service – c'est un de ses vieux réflexes d'interne. Elle a donc forcément eu au moins l'un de mes messages.

– Vous savez quelle route elle prend pour rentrer chez vous ?

– La plus directe : Thurlow-Davie-Beach.

– Son véhicule était en bon état de marche ?

– Oui. Et on est à peine à cinq minutes du St Paul's. Ce n'est pas comme si elle avait eu des centaines de kilomètres à faire.

Il pose de nouveau les yeux sur son portable. En murmurant cette fois-ci quelques mots, comme pour forcer l'appareil à s'allumer.

– Monsieur Hewson, j'aimerais maintenant vous montrer deux photos et que vous me disiez si vous connaissez les personnes en question…

Je pose une photo de Michael Fairbanks sur l'un des cubes en verre qui nous séparent et mon interlocuteur réagit au quart de tour.

– C'est l'homme du Coast Plaza ?

– Vous le connaissez ?

– Non. Je l'ai juste vu aux infos. C'est l'homme d'affaires qui…

Il s'arrête net et une vague de terreur traverse son visage.

– Vous ne pensez tout de même pas que…

Il se met à secouer la tête.

– Non, non, non… Vous ne pouvez pas penser ça…

Il me regarde droit dans les yeux.

– Vous pensez que Julia a pu être attaquée par la même personne ?

– Pour l'instant, rien n'indique que votre épouse ait été attaquée par qui que ce soit. Mais j'ai besoin d'éliminer le maximum de scénarios pour pouvoir me concentrer sur le bon. Et je suis malheureusement obligée de commencer par les pires. Je suis vraiment désolée…

Il essaie de se reprendre, mais son corps est maintenant secoué de tremblements nerveux. Ses lèvres ont perdu de leur couleur. Et pour la première fois, je sais qu'il vient d'imaginer sa femme morte – et non plus seulement « portée disparue ».

– Monsieur Hewson, vous devez essayer de ne pas paniquer… Nous n'avons toujours pas assez d'éléments pour arriver à la moindre conclusion. Et je peux vous assurer que tous les moyens ont été mis en œuvre pour retrouver votre épouse au plus vite.

Il serre les dents, comme le font souvent les hommes au bord des larmes, et je pose de nouveau un doigt sur la photo de Michael Fairbanks.

– Vous pensez qu'il est possible que votre femme connaisse cet homme ?

– Je ne sais pas… Je dirais a priori non. Mais elle croise tellement de personnes dans son travail, je ne pourrais pas vous le dire avec certitude.

– Et vous, y a-t-il la moindre chance que vous connaissiez l'homme en question ? Par vos relations ? Votre métier ?

– Non, je ne crois pas.

– Sans être indiscrète, je peux vous demander ce que vous faites dans la vie ?

– Je dirige une agence de publicité. Je suis photographe de formation.

– L'homme en question est PDG d'une grosse entreprise immobilière : Fairbanks Development. Vous avez déjà entendu ce nom mentionné sur votre lieu de travail ? En relation avec l'appartement dans lequel vous habitez ?

– Non.

– OK…

Je change de photo et je pose celle d'Amelia Soares sur la surface en verre.

– Et cette personne ?

Il hésite.

– Je crois que je l'ai déjà vue…

– Elle travaille au St Paul's.

– C'est l'infirmière ? L'infirmière qui a été attaquée ?

– Oui. Son nom est Amelia Soares. Vous la connaissez ?

– Non, pas personnellement. Mais Julia m'en a parlé au téléphone pendant le week-end. Elle était horrifiée par ce qui lui est arrivé.

Je réalise que j'ai peut-être croisé Julia Hewson dans un des couloirs des urgences la nuit dernière.

– Elle et Julia étaient amies ?

– Non, je ne crois pas. Mais elles se connaissaient bien, elles ont travaillé à de nombreuses reprises ensemble.

Je range les deux photos et je continue.

– Monsieur Hewson, votre femme a-t-elle mentionné le moindre « incident » qui aurait pu lui arriver au cours des derniers jours ?

– Comme ?

– Un patient avec lequel elle aurait eu une altercation ? Un de ses collègues ?

– Non. Ma femme passe l'essentiel de son temps à essayer de sauver des vies humaines, je vois difficilement qui pourrait lui en vouloir.

– Elle n'a rien mentionné qui aurait pu sortir de l'ordinaire ?

– Non.

Il baisse les yeux.

– Mais, encore une fois, je ne l'ai pas vue depuis plus de 48 heures… Je n'ai même pas été capable de décrire aux deux officiers qui sont passés avant vous les vêtements qu'elle portait ce soir… Parce qu'elle emporte toujours des affaires de rechange avec elle, quand elle reste comme ça sur son lieu de travail…

Quelque chose que j'ai déjà fait deux fois ce week-end.

– Mais pour répondre à votre question, non. Je n'ai rien remarqué d'anormal au cours des derniers jours.

Je change de sujet.

– Monsieur Hewson, quand votre femme rentre de l'hôpital, gare-t-elle toujours son véhicule dans le parking de votre immeuble, celui que le VPD a déjà fouillé ?

– Oui. Nous avons quatre places réservées au premier sous-sol. Deux pour nous, deux pour nos invités.

– Et j'imagine que votre immeuble a un système de sécurité plutôt performant…

– C'est le moins qu'on puisse dire. La porte d'entrée ne peut être ouverte qu'avec un code, et celle du parking fonctionne avec une télécommande à distance.

– L'un de ces deux systèmes est-il récemment tombé en panne ?

Il devient blême.

– Monsieur Hewson ?

– Ou… Oui. La porte du parking.

– Que s'est-il passé ?

– Il y a environ une semaine… Elle s'est mise à ne plus fonctionner… On pouvait encore l'ouvrir à la main, en sortant du véhicule, en tapant le code directement sur le boîtier, mais plus à distance.

Il panique.

– Mais… Elle a été réparée… Quand je suis rentré tout à l'heure, en fin d'après-midi, tout fonctionnait parfaitement bien…

Ses yeux se remplissent de larmes.

– Vous pensez que Julia a pu être attaquée juste là ? En bas de l'immeuble ? Alors que je lisais les dernières aventures de Winnie l'Ourson à mon fils ?

– Encore une fois, monsieur Hewson, nous ne savons toujours pas ce qui est arrivé à votre épouse. Mais je peux vous assurer que des dizaines d'officiers de police sont actuellement en train de passer votre quartier au peigne fin… Nous avons mis…

Mon portable se met à vibrer.

Je regarde l'écran : Nick.

– Vous pouvez me donner deux minutes ?

– Bien sûr.

Je sors de la pièce et j'essaie de mettre le maximum de distance entre Paul Hewson et moi.

Couloir.

Entrée.

Je me colle contre l'un des murs et je décroche.

– Vous avez du nouveau ?

Il y a un long moment de silence.

J'entends des voix en arrière-plan… Un hurlement de sirène… Quelques bruissements de feuilles…

– Nick ?

– On l'a retrouvée… Je suis désolé, Kate.

Il n'a même pas besoin de prononcer le mot « corps ».

– Vous êtes sûrs que c'est elle ?

Je ferme les yeux et le sourire de Julia Hewson vient se greffer sur l'abîme de désespoir que je ressens.

– Positif. Papiers d'identité, badge du St Paul's, beeper. Tout est là.

– Elle est où ?

– À moins de 500 mètres de chez elle. Jardin du BPR. Entrée de Stanley Park.

– Adam ?

– Ruban adhésif, sac plastique transparent, marques rouges sur le cou.

– Tu as vérifié pour le…

– Pas encore. Elle a les mains attachées dans le dos, j'ai préféré t'attendre.

– OK. J'arrive.

Je raccroche et je reste pendant quelques secondes sans bouger, les yeux fermés… Paralysée à l'idée de ce qu'il me faut maintenant faire… Traverser les dix mètres qui me séparent de Paul Hewson… Lui annoncer…

Je m'écarte du mur et je fais un pas en avant.

Ouvrir les yeux.

Aligner un pas après l'autre.

J'ai l'impression d'être en apesanteur.

Je me force à passer du hall au couloir.

Du couloir au salon.

Et quand je repose les yeux sur Paul Hewson, il n'est plus seul.

Je m'arrête net, incapable de faire le moindre geste, d'articuler le moindre mot… Incapable de détacher mon regard du petit garçon qui se trouve entre ses bras.

– Désolé… Il s'est réveillé…

Je vois un ourson en peluche… Un visage ensommeillé… Un pyjama couvert de lunes et d'étoiles…

Et à l'instant où Paul Hewson plonge son regard dans le mien, il comprend.

27.

BOARD OF PARKS AND RECREATION
2099 BEACH AVENUE
22:27

Je montre mon badge à un officier du VPD.

Je soulève le ruban jaune de police qui me barre la route.

Je note les aboiements d'un chien. Le ronflement de véhicules en attente. La surface impeccablement tondue de gazon qui s'étend devant moi.

Et je la vois enfin.

Allongée au milieu d'un jardin débordant de végétation. Corps couché sur le côté, au pied d'un bâtiment en bois vert. Éclairée par une série de lampes au xénon posées à même le sol.

Un spectacle macabre, inhumain, qui vous donne envie de vous enfoncer au plus profond de vous-même.

– Vous l'avez retrouvée comment ?

Je m'accroupis près de Nick devant la victime, et je peux voir à la tension qu'il y a sur son visage qu'il a autant de mal que moi à gérer la situation.

– Unité canine.

Il tend un bras vers la camionnette frappée d'un logo « K9 » garée à l'entrée de Park Lane.

– Le corps était impossible à voir de la rue. Trop d'obscurité, trop de végétation.

– Et sa voiture ?

– Retrouvée elle aussi. Parking à l'arrière du bâtiment. Également hors de vue.

Je repousse d'une question le moment où j'aurais à examiner le corps.

– Vous avez déjà appelé Delgado ?

– Oui. Il devrait arriver d'ici 10-15 minutes. Pareil pour Connie. J'ai aussi transmis à Keefe tout ce qu'on a pour l'instant.

Et je pose enfin mon regard sur les yeux de Julia Hewson.

Grands ouverts derrière la couche de plastique.

Bleus. Terrifiés.

J'essaie de garder mon calme, de rester professionnelle… De ne pas penser à l'état dans lequel je viens de laisser son mari… Et alors que je m'apprête à vérifier la façon dont les extrémités du sac ont été attachées, je les remarque brusquement.

Je résiste à l'envie de faire un pas en arrière, de m'éloigner au plus vite du corps… Et à la place, je fixe les gouttes de condensation rassemblées sous l'une des parois.

Asphyxie.

Une mort lente, terrifiante. Quatre ou cinq minutes d'agonie complète à chercher assez d'oxygène pour rester en vie. À entendre son corps lutter de toutes ses forces pour essayer de trouver la moindre particule d'air.

Une éternité.

Je sens la lumière d'un gyrophare se mettre à flasher sur mon visage. Bleu-rouge-bleu-rouge-bleu-rouge… Comme une mouche qui s'acharne mais que je ne peux même pas essayer de chasser d'un geste de la main. Et je me force à continuer.

Bandes de ruban adhésif gris argent autour des poignets et sur la bouche. Marques rouges le long de la carotide. Aucune blessure visible à l'œil nu.

Tout est là.

Je remarque le badge accroché sur la ceinture de la jeune femme – *St Paul's Hospital – Julia Hewson* –, le deuxième que je vois sur l'une des victimes d'Adam, et le beeper glissé juste à côté. Puis je note les traces de boue sur les crampons de ses Nike et le gazon raclé sur plusieurs centimètres sous ses talons.

– Je sais. Elle s'est débattue…

La voix de Nick est tellement grave qu'elle est difficile à comprendre.

– Vous avez retrouvé son téléphone portable ?

– Oui. À côté de sa voiture, sur le sol.

– Autre chose près ou dans le véhicule ?

– Des dossiers éparpillés sur le siège arrière et une boîte à gants ouverte. Tout est protégé par un périmètre de sécurité jusqu'à ce que Connie arrive.

– OK…

J'enfile une paire de gants en latex.

– Vous avez déjà tout pris en photo ?

– Oui. Tu peux y aller si tu veux.

Je pose mes mains sur celles de la victime et je peux sentir leur froideur à travers la fine couche de caoutchouc.

Aucune rigidité mortuaire.

Aucune plaie à signaler.

Je décide d'essayer d'écarter les paumes, aussi délicatement que possible.

– Tu peux m'éclairer ?

Nick attrape sa torche électrique et la braque sur ce que je suis en train de faire.

– Merci.

Je regarde mes doigts glisser sur la peau de la victime… Toucher le renflement du bracelet… Tirer l'extrémité du petit rectangle de plastique… Et en quelques secondes, le code apparaît sous nos yeux.

IIIII II 3723374743711

Quatre sur sept.

– Il a sauté une victime, ou il y a un autre corps qu'on n'a pas encore retrouvé ??

Je ne sais pas quoi lui répondre.

– Tu penses que l'homme de la ruelle était censé être la troisième victime ?

– J'espère… Cela voudrait dire qu'on a au moins réussi à sauver une vie ce soir…

Je sors la fiche que Keefe m'a donnée et je commence à décoder le message.

37 = L… 2 = A… 3 = B… 3 =… Non. 37 = L… 47 = O…

Le reste est une formalité.

– « La Blonde ».

Une autre référence visuelle, encore plus simple que les précédentes.

Je me redresse et je regarde Nick faire glisser le faisceau de sa torche sur le reste du corps.

Main avec alliance. Vêtements sportifs et élégants. Mèches de cheveux qui dépassent d'une des couches du ruban adhésif. Et sous le bras plaqué contre le gazon, un détail qui attire son attention.

– Qu'est-ce que c'est ?

– Pas sûr…

Il tire quelque chose… Délicatement… Et une enveloppe apparaît soudain entre ses doigts. Identique à celle du Holly Lodge.

– C'est pas vrai…

Papier blanc.

AGENT K. KOVAKS

Imprimé sur le devant.

Il secoue plusieurs fois la tête.

– Tu veux que je l'ouvre ?

– Vas-y.

Il sort la feuille qui se trouve à l'intérieur. Un feuillet A4 plié en trois, avec, à nouveau, une poignée de chiffres et de lettres imprimés en plein milieu.

23 JANVIER.

– C'est quoi ?

– La date de mon anniversaire.

Je ferme les yeux et j'aimerais pouvoir continuer à examiner le corps comme si de rien n'était... Continuer à donner des ordres à droite à gauche comme si de rien n'était... Mais tout est soudain à la limite du supportable.

La lumière aveuglante qui révèle le corps de Julia Hewson avec une absence totale de pudeur, l'odeur un peu sucrée de la mort qui plane déjà autour de nous...

Je me relève et je fais un pas en arrière.

– Ça va ?

– Oui.

– Tu veux qu'on fasse un break ?

Nick est planté devant moi.

Je n'ai aucun souvenir de l'avoir vu se redresser.

– Pardon ?

– Tu veux qu'on fasse un break ?

– Non. C'est bon.

J'enlève la paire de gants et je sors mes clés de voiture.

– Tu vas où ?

– Annoncer à M. Hewson qu'on va avoir besoin qu'il identifie formellement le corps de sa femme.

– Laisse-moi le faire.

– Non. C'est bon, je…

– Kate.

Il pose une main sur mon poignet.

Un geste complètement inattendu, touchant.

– Kate, s'il te plaît… Laisse-moi le faire.

J'hésite et il s'engouffre dans la brèche que je viens d'ouvrir.

– Kate… Fais-moi confiance. Va faire un tour… Isole-toi pendant deux-trois minutes. Tu en as besoin.

Je lève les yeux vers la tour de verre.

– Écoute, on ne peut rien faire tant que Connie et Delgado ne sont pas arrivés… Je m'en occupe, OK ?

Je fais tourner les clés entre mes doigts.

J'hésite une toute dernière fois.

Et je m'avoue vaincue.

– OK.

28.

STANLEY PARK
ENGLISH BAY BEACH
22:41

Je traverse les deux voies qui me séparent de la plage, portable à la main – et en quelques secondes, je passe d'un univers sculpté par des faisceaux de gyrophares à celui d'une nuit sans étoile qui vous donne à peine la chance de voir où vous mettez les pieds.

Je sens la texture du sol changer sous mes pas, le bitume céder la place à un sable lourd, humide… Et je m'avance vers la masse sombre du Pacifique en essayant d'absorber la simplicité et l'harmonie du décor en train d'apparaître autour de moi.

Le tracé de Davie Street qui monte sur ma gauche : deux lignes de phares, deux lignes de feux arrière. Les silhouettes des bateaux cargos posées sur la ligne d'horizon, comme en suspens dans l'océan de noir du ciel et de l'océan qui ont uni leurs forces. Et le clapotis des vagues qui se retirent à marée basse. Lentement. Discrètement. Avec de petits chuintements qui ressemblent à des murmures.

Mais rien de tout cela ne peut atténuer la monstruosité de ce qui vient de se passer, son irréversibilité.

Adam vient de tuer à nouveau.

Et je n'ai pas pu l'en empêcher.

Je m'assois sur un des troncs d'arbres alignés sur le sable. Tête entre les mains, genoux relevés contre la poitrine. Incapable de ressentir autre chose qu'un mélange de désespoir et de colère.

Je sais qu'à onze étages de là, un homme est sur le point d'entendre les mots qu'il redoutait depuis plus d'une heure... Que derrière moi, le corps de sa femme est exposé aux éléments, examiné par des mains gantées... Entouré d'air froid et de voix cliniques...

Et j'ai soudain envie de pleurer.

De m'enfoncer dans la nuit en courant.

De pouvoir revenir en arrière. Arrêter Adam. Ne jamais avoir à croiser le chemin de la famille Hewson.

Je ferme les yeux et je descends les manches de ma veste jusqu'aux phalanges.

Encore dix secondes et je retourne rejoindre la masse humaine en train de s'activer de l'autre côté de la rue.

Je commence à compter.

10... 9... 8...

Je revois le corps de Michael Fairbanks allongé sur la table d'autopsie.

7… 6… 5…

Celui d'Amelia Soares se tordre de douleur sur le trottoir.

4… 3…

Et mon portable se met à sonner.

Je décroche sans y penser, sans même réaliser l'importance du voyant rouge allumé, et je colle le combiné contre mon oreille.

– Agent Ko…

– Vous l'avez retrouvée ?

Non… Pas ça…

Pas lui.

Pas maintenant.

Je me lève, soudain entourée d'éléments qui tanguent, de flou, de noir oppressant.

– Vous l'avez retrouvée ? 3723374743711 ?

– Oui. Nous l'avons retrouvée.

– Et elle est bien morte ?

– Oui.

– Parce qu'elle s'est vraiment débattue… Elle a même failli m'échapper.

J'ai envie de vomir.

– Vous avez aussi retrouvé mon message ?

– Oui.

– Et vous en pensez quoi ?

– Rien.

– Rien ?

Il a l'air déçu.

– Vous devriez, pourtant. Parce que je suis loin d'en avoir fini avec vous.

Le blanc qui suit est rempli de notes de piano. Toujours les mêmes. Deux minutes et quelques qu'il doit écouter en boucle, ou qu'il met juste quand il m'appelle, comme un rituel.

– Agent Kovacs ?

– Oui.

– Qu'est-ce que vous avez ?

– Ce que j'ai ?

Il hésite avant de continuer.

– Vous avez l'air d'être en colère contre moi…

– *En colère* ??

J'explose.

– Vous pensez que je suis en *colère* contre vous ?!

Je me mets à faire les cent pas sur le sable, le corps bouillonnant de rage et de frustration.

– Non. Je ne suis pas en colère contre vous ! Je veux vous voir derrière des barreaux, je veux m'assurer que vous ne ferez plus jamais de mal à qui que ce soit ! Je veux que vous compreniez enfin ce que vous êtes en train de faire !

– Je sais très bien ce que je suis en train de faire.

– Vraiment ? Vous savez ce que cela fait d'être allongé sur le sol, terrifié, complètement à la merci d'un homme qui a le pouvoir de vous tuer ? Vous savez ce que cela fait de lutter de toutes vos forces pour essayer de trouver juste assez d'oxygène pour rester en vie ?

– Oui.

Premier résultat de taille.

Complètement inattendu.

– Et vous ?

Je m'arrête net.

– Vous savez ce que cela fait, agent Kovacs, d'être allongé sur le sol, plié de douleur, incapable de respirer ? Complètement à la merci d'un homme qui a le pouvoir de vous tuer ?

J'essaie de ne pas penser au voyant rouge, aux dizaines de personnes qui auront ensuite accès à cet enregistrement… Et je me jette à l'eau.

– Oui.

Il y a un long silence.

– C'est encore une de vos tactiques de flic ?

– Non. C'est la vérité.

– Prouvez-le.

– Je n'ai rien à vous prouver.

– Vous savez vraiment ce que cela fait ?

– Oui.

– Alors vous devez comprendre pourquoi je suis obligé de les tuer, de tous les tuer. Vous devez savoir ce que cela fait d'y repenser, tout le temps. D'avoir ça en permanence dans un coin de votre cerveau.

Il hésite.

– Agent Kovacs ?

– Oui.

– Qu'est-ce qui vous est arrivé ?

Je ne lui réponds pas.

– Eh bien, j'espère juste que vous pourrez comme moi, un jour, refaire votre vie. Éliminer pour de bon les dernières traces de votre passé et tout recommencer à zéro.

Et il raccroche avant que j'aie le temps de lui dire que c'est quelque chose d'absolument impossible.

LUNDI 13 JANVIER

29.

BUREAUX DU CSU
1135 DAVIE STREET
03:12

Le visage de Julia Hewson est à nouveau en plein dans mon champ de vision. Mais au lieu du portrait souriant qui se trouvait au-dessus de sa cheminée, il s'agit d'une série de photos répugnantes, indécentes, agencées sous forme de mosaïque sordide.

Son corps allongé dans le jardin.

Ses avant-bras couverts d'ecchymoses.

Ses poignets attachés dans le dos.

Et juste à côté, la couverture d'un numéro du *Vancouver Magazine*, avec elle et son mari à la une. Enlacés face à English Bay, sous un titre : *Numéro spécial : les couples de l'année*.

Deux mois d'écart entre les deux versions de la même personne. Je n'arrive pas à décider laquelle des deux m'est la plus insupportable.

– Comme vous pouvez le voir, Paul et Julia Hewson étaient loin d'être M. et Mme Tout le monde…

La voix de Keefe reprend, comme un bourdonnement qui me ramène à la réalité. Une autre réunion. Une autre plongée nocturne dans l'horreur.

– Julia Hewson était non seulement cardiologue au St Paul's, mais elle cumulait également une longue série d'activités bénévoles : permanence dans un des centres de soins gratuits de Main Street, séjours humanitaires dans des pays du tiers-monde, organisation d'un marathon annuel pour collecter des fonds pour la recherche médicale : sida, cancer, malaria, etc. C'était le genre de femme qui semblait tout avoir, sans tomber dans le cliché BCBG et soirées mondaines. Apparemment, le couple Hewson n'aimait rien faire de mieux que du kayak ou du jogging à 6:00 autour de Stanley Park… Bref, jusqu'à présent, je n'ai trouvé absolument aucune ombre au tableau. Paul et Julia Hewson étaient mariés depuis presque douze ans. Leurs comptes ont l'air d'être hyper clairs. L'agence de pub que dirige le mari ne compte plus les contrats prestigieux, mais aucun au nom de Fairbanks Development. Et le parcours professionnel de Julia est un modèle du genre. Aucune plainte, erreur médicale ou intervention douteuse à signaler. Et j'ai aussi vérifié : elle n'a jamais travaillé, en tout cas de façon officielle, pour le Toronto General Hospital.

– Cause provisoire du décès ?

C'est Connie qui enchaîne.

– Je viens juste de parler à Delgado, et il a confirmé que Julia Hewson respirait bien encore quand son agresseur lui a passé un sac plastique sur la tête. La cause officieuse du décès est donc à ce stade asphyxie, après immobilisation avec arme électrique. Il a aussi trouvé plusieurs signes qui indiquent que, contrairement à Michael Fairbanks, Julia Hewson a réussi à se débattre : marques de doigts sur ses avant-bras et chevilles, et plusieurs ecchymoses sur ses épaules.

– Tu as réussi à confirmer où elle a été attaquée ?

– Pas encore. Mais j'ai retrouvé des traces de poudre d'amidon de maïs sur la Toyota : poignée arrière, poignée passager avant, mais pas sur le volant. J'ai aussi testé le boîtier de sécurité du parking, et il ne fonctionnait pas. Le scénario le plus probable à ce stade est donc qu'Adam a attaqué Julia Hewson juste en bas de son immeuble, alors qu'elle sortait de son véhicule pour ouvrir la porte du garage, et qu'il l'a ensuite fait conduire de force jusqu'au parking du BPR – en la menaçant par exemple avec un couteau ou une arme électrique… La Toyota était garée sur la seule place pour handicapés du parking, et vu le type de vie que menait Julia Hewson, je doute que ce soit l'emplacement sur lequel elle aurait choisi de se garer si elle l'avait fait de son plein gré. Après ça, le parking et le jardin étaient des endroits sombres et isolés, et Adam a donc pu opérer en toute impunité.

Elle nous montre l'un des clichés accrochés sur le mur et reprend :

– À cause des traces de boue qu'il y avait sur les Nike de la victime, et les raclements qui se trouvaient au niveau du sol sous ses talons, tout indique qu'elle était encore en vie quand elle a été transportée jusqu'au jardin, puis tuée sur place. Détail majeur à noter : le visage de Julia Hewson était tourné face à Beach Avenue, c'est-à-dire que, théoriquement, elle a pu voir les voitures ou piétons qui seraient passés le long du jardin… Même si eux n'avaient absolument aucune chance de pouvoir la voir, entre distance et obscurité.

– On sait pourquoi le boîtier de sécurité ne fonctionnait pas ?

– Oui. Court-circuit, provoqué de façon volontaire. Panne identique à celle de la semaine dernière – j'ai vérifié avec la compagnie qui s'occupe de l'entretien de l'immeuble.

– OK…

Je pose les yeux sur la colonne « V 3 ? ».

– Harvey ?

– Briggs.

Nick jette un coup d'œil à ses notes et continue :

– 74 ans. Sans-abri bien connu des patrouilles du D1, complètement inoffensif, uniquement fiché pour état d'ivresse sur voie publique. Il n'a jamais fait de demande pour obtenir une place de refuge, et n'a plus de papiers à son nom depuis près de vingt ans. Selon

Vaughn et Williams qui ont eu affaire à lui plusieurs fois, il a travaillé dans la marine marchande pendant l'essentiel de sa vie adulte – comme capitaine de bateau cargo – et dort fréquemment dans la RS1, juste derrière la Maria's Taverna.

Je me tourne vers Connie.

– Vous avez trouvé quelque chose d'intéressant dans ses affaires ?

– Non. À part une collection d'odeurs à la limite du supportable et une poignée d'effets personnels. L'uniforme qu'il portait est le genre de vêtements qu'on trouve aux puces, peut-être choisi en raison de son ancien métier. Techniquement, c'est un uniforme de marine militaire, mais les galons correspondent bien à ceux d'un capitaine.

– Aucune trace de poudre d'amidon de maïs ?

– Non. Mais vu l'endroit où il dormait et l'état de ses vêtements, tout est possible... Les traces ont pu disparaître sans problème entre pluie et ordures.

– Vous n'avez retrouvé aucun « bracelet » sur lui ? Ou document adressé à mon nom ?

– Non.

– Près de l'endroit où il dormait ?

– Non plus.

Si Harvey n'était pas la troisième victime d'Adam, nous n'avons toujours pas la moindre explication pour le code 4 sur 7. À part l'existence d'un autre corps, quelque part, que nous n'avons pas encore retrouvé...

– Dernier appel téléphonique d'Adam…

J'attrape le transcript posé devant moi et je continue, en essayant de cacher au mieux mon appréhension.

– Nous avons désormais une pièce supplémentaire à ajouter à son dossier : une forte probabilité qu'Adam ait été attaqué, et qu'il reproduise cette expérience au travers de ses victimes.

Je pose les yeux sur mes notes, pour éviter d'avoir à soutenir les regards des membres de mon équipe.

– Quand je l'ai poussé dans ses retranchements, Adam a tenu bon. Il m'a non seulement défiée, mais, après avoir écouté et réécouté l'enregistrement, je suis quasi certaine qu'il disait aussi la vérité… Qu'il n'essayait pas de brouiller les pistes ou de nous mettre sur la mauvaise.

– À quoi ?

Je relève les yeux vers Nick.

– Au ton de sa voix… Au fait qu'il avait l'air tout à fait lucide et non pas en plein épisode psychotique… Au fait qu'il semblait chercher avant tout mon approbation – si étrange que cela puisse paraître…

– C'est pour cela que tu as réagi comme tu l'as fait ?

– Oui. Pour essayer de le provoquer, et de lui faire croire que je le comprenais.

Un demi-mensonge.

– Tu penses qu'il en sait beaucoup plus sur toi ?

Je me tourne vers Keefe, tellement mal à l'aise que j'ai l'impression qu'ils peuvent tous les trois le voir, le sentir… Qu'il va peut-être me falloir leur mentir ouvertement. Quelque chose que je n'ai encore jamais eu à faire.

– Je ne sais pas. Jusqu'à présent, on ne parle encore que d'informations semi-publiques… Et tout semble confirmer qu'il ne me « connaissait » pas avant samedi soir.

– Tu penses qu'il a eu ta date de naissance comment ?

Connie.

L'étau se resserre, et ils ne font que poser les questions qui s'imposent.

– À partir de ma plaque d'immatriculation, j'imagine, et de mon permis de conduire.

Keefe acquiesce et enchaîne.

– Même pas besoin de briser la sécurité d'un système hyper sophistiqué pour cela. C'est le genre d'informations qu'on peut tout simplement acheter sur Internet. Et si Adam est capable de rendre ses appels intraçables, et de déjouer la sécurité d'un hôtel comme le Coast Plaza, trouver la date de naissance, même celle d'un agent du FBI, c'est de la gnognotte.

Je profite du blanc qui suit pour changer de sujet.

– Ce qui nous laisse toujours au même point côté liens : on en sait peut-être désormais un peu plus sur Adam, mais on ne sait toujours pas comment il choisit ses victimes.

Nick se racle le fond de la gorge et échange un long regard avec Keefe et Connie avant de se lancer.

Visiblement sur le point d'aborder un sujet dont ils ont déjà discuté ensemble.

– Ne le prends pas mal, mais avec Julia Hewson qui travaillait au St Paul's, tu ne penses pas, maintenant, que le lien médical est plus qu'une simple coïncidence ?

J'hésite.

Le sujet sur lequel j'ai consacré l'essentiel des deux dernières heures dans mon bureau… Et la conclusion à laquelle je n'ai cessé d'arriver :

– Non. Mais je peux me tromper.

Il y a un long flottement dans la pièce et je me demande à quoi ils peuvent bien penser tous les trois. Que je n'ai pas assuré ? Que mon profil nous a fait perdre un temps précieux, ignorer une piste qui vient de s'avérer vitale ? Que je n'ai pas fait ce que j'aurais dû au téléphone avec Adam ? Qu'on aurait pu sauver Julia Hewson si…

– C'était juste une question, Kate. Rien de plus.

Nick me sourit et comme par effet de domino, la même expression passe sur le visage de Keefe et celui de Connie.

– Tu avais raison pour la zone rouge – à la fois pour Adam et pour Julia Hewson. Et grâce à toi, Harvey Briggs est en train de dormir au chaud. En vie. En sécurité.

Je leur souris à mon tour et je regarde ma montre.

– OK… Susan devrait passer d'ici une demi-heure, trois quarts d'heure pour m'aider à affiner le profil psychologique d'Adam. C'est elle qui est d'astreinte cette nuit en support psy, et elle a déjà lu une bonne partie de tout ce qu'on a. Si tout se passe bien, j'enchaîne ensuite avec Harvey Briggs ; sobre. On se sépare comme hier ? Rendez-vous vers les 08:30-09:00 ?

Ils acquiescent et commencent à ranger leurs affaires.

Break pour Nick et Keefe, permanence pour Connie et moi.

Une sorte de routine qui me semble avoir été instaurée il y a des années… Comme si établir des rotations aussi absurdes – quatre heures de sommeil, vingt heures de travail – avait toujours fait partie de mon job… Comme si j'avais toujours été capable de connaître par cœur l'enchaînement des notes du *Nocturne nº 1* d'Erik Satie… Comme si le cauchemar dans lequel Adam nous a plongés n'allait jamais avoir de fin.

30.

BUREAUX DU CSU
1135 DAVIE STREET
04:19

« ... *J'espère juste que vous pourrez comme moi, un jour, refaire votre vie. Éliminer pour de bon les dernières traces de votre passé et tout recommencer à zéro.* »

Le clic de déconnexion résonne dans le silence de mon bureau, et j'éteins pour la deuxième fois mon dictaphone. En suppliant mentalement Susan de ne pas me demander de lui faire écouter une nouvelle fois les enregistrements de mes conversations avec Adam.

– C'est bon, merci.

Elle se penche sur la série de notes qu'elle vient de prendre et se met à les organiser à grands coups de stylo.

– Tu peux me donner deux minutes ?

– Bien sûr.

Je replace le dictaphone sur la table basse qui nous sépare et j'attrape la tasse de café en train de refroidir près d'une pile de documents déjà haute de plusieurs centimètres. Le dossier « Adam ». Trois victimes en moins de 48 heures, et toujours aucun suspect en vue…

Je m'enfonce un peu plus dans le sofa en forme de L qui épouse un des angles de mon bureau et je porte la tasse à mes lèvres ; beaucoup plus affectée que je ne l'aurais souhaité par la simple écoute de ma voix et de celle d'Adam en train de se succéder sur une bande magnétique.

Puis j'essaie de passer outre le goût amer du liquide en me concentrant sur son but – me tenir aussi éveillée que possible – et je balaie du regard l'endroit dans lequel je travaille depuis plus de six ans.

Plan de travail dégagé… Mur d'étagères impeccablement rangées… Lampe halogène et lumières d'appoint, toutes indirectes… Et une série de détails auxquels je peux me raccrocher dans des moments comme celui-ci.

Un dessin que m'a fait Claire, encadré près du téléphone… Une reproduction de Miró accrochée sur l'un des murs blancs… Et la vue qui s'étend de l'autre côté de la fenêtre : une poignée de gratte-ciel derrière lesquels s'étirent la baie de Vancouver et les montagnes du North Shore. Bleutée tôt le matin, dramatique à la nuit tombée.

– OK…

Je concentre de nouveau toute mon attention sur Susan en entendant le son de sa voix.

– Je pense comme toi qu'Adam est schizophrène ; – et qu'il ne le sait probablement pas.

J'attrape un bloc de papier pour prendre à mon tour des notes.

– En me basant sur tout ce que tu m'as montré et fait écouter, je dirais que vous avez affaire à un schizophrène paranoïde, qui souffre de symptômes plutôt avancés. Hallucinations, perturbation de la pensée et de l'affectivité, insomnies, idées délirantes... Tu connais la liste. Naturellement, comme les schizophrènes sont statistiquement beaucoup plus susceptibles d'être *victimes* d'actes violents que d'en être les auteurs, on parle ici de quelqu'un qui tombe dans une minorité de patients : état pathologique extrême, cas non suivi médicalement.

Elle jette un coup d'œil à ses notes.

– Dans le cas d'Adam, je dirais qu'il souffre de symptômes « positifs », aussi appelés « psychotiques », c'est-à-dire des manifestations anormales dans le fonctionnement mental.

– Comme ?

– Des difficultés à faire la distinction entre réalité et perceptions, des périodes de sa vie qui se superposent comme des couches de calque, des voix qu'il entend, etc. Il n'a pas l'air d'avoir de symptômes négatifs, tels que manque d'énergie ou perte d'intérêt, et son état cognitif semble ne pas avoir été touché. Il te répond sans problème, son intelligence a l'air d'être intacte, et même s'il semble avoir du mal à se concentrer longtemps sur le même sujet, il est tout à fait capable de maintenir une « conversation » avec toi pendant plusieurs minutes – si étrange puisse-t-elle être…

– Tu penses que des facteurs déclenchants ont pu jouer un rôle dans l'apparition et l'évolution de sa maladie ?

– Quasi certain. Il fait preuve de pas mal de colère, plus ou moins contrôlée, et son agressivité a l'air de viser des cibles bien précises – réelles ou fictives. Il peut s'agir de quelque chose qu'il *considère* comme étant important, ou qui a réellement été traumatisant pour lui. Dans les deux cas, on parle de choses comme la mort d'un proche, une situation stressante, dangereuse, physiquement ou mentalement douloureuse… Les scénarios sont nombreux.

– Je sais que tu n'as pas assez d'éléments pour faire un diagnostic complet, mais tu dirais que les premiers symptômes remontent à combien de temps ?

– Relativement récents. Même isolé, un schizophrène arrive difficilement à passer à travers le filet. Ses symptômes finissent toujours par être repérés par quelqu'un… Un proche, un voisin, un membre des forces de l'ordre… Surtout dans le cas d'un schizophrène paranoïde, en raison des épisodes psychotiques qu'il peut avoir en public. Je dirais donc qu'on parle ici de 6-12 mois. Pas plus.

Elle fait une pause et hésite un peu avant d'enchaîner.

– Il y a autre chose que tu devrais savoir… En raison du type de schizophrénie dont on parle, il est possible qu'Adam souffre d'hallucinations particulièrement terrifiantes. Qu'il entende des voix, voie des choses qui n'existent pas… Ce qui pourrait expliquer l'épisode du Holly Lodge.

– Avec le Domovoï ?

– Oui. Et avec ton nom.

Elle me regarde droit dans les yeux, et j'ai l'impression de m'être fait piéger. De ne pas avoir réagi assez vite, et d'avoir encouragé le sujet au lieu d'essayer de le détourner. Quelque chose qui m'arrive rarement.

Je me passe la main dans les cheveux et j'essaie vite de récupérer le coup.

– Tu penses qu'il parle vraiment russe, qu'il s'adressait à quelqu'un d'imaginaire, qu'il pouvait « voir » dans la pièce ?

– C'est possible. Il est aussi possible que la personne en question était toi.

Je change nerveusement de position sur le canapé.

– Kate, écoute. Je sais que tu détestes ne serait-ce que mentionner ta vie privée, et que tu dois probablement tout faire depuis des heures et des heures pour ne pas montrer le moindre signe de faiblesse. Devant les membres de ton équipe, les dizaines d'experts et de flics qui bossent avec vous, et surtout pendant tes « conversations » avec Adam… Mais tu es en train de jouer avec le feu.

– Je sais.

– Sans vouloir t'offenser, je ne suis pas sûre que tu réalises pleinement ce qui est en train de se passer.

Si je pouvais me téléporter avec un de ces gadgets de science-fiction, je l'aurais déjà fait.

– Qu'est-ce que tu veux dire par là ?

Elle me regarde pendant un long moment, sans rien dire, avec une expression sur le visage que j'ai du mal à interpréter. Entre inquiétude et détermination.

– Kate, tu penses que tu aurais pu sauver Julia Hewson ?

– Pardon ?

– Tu penses que Julia Hewson pourrait encore être en vie aujourd'hui si tu avais agi différemment ?

Je n'en reviens pas qu'elle ait osé me poser une question pareille.

– Bien sûr que oui… Et c'est censé prouver quoi ? Que j'ai la mort d'une femme de 37 ans sur la conscience ? Comme si je ne le savais pas déjà.

– Sauf que c'est exactement ce qu'Adam veut que tu penses.

– Non. C'est la vérité. Rien de plus.

– Tu aurais pensé la même chose si Adam n'avait jamais laissé de codes sur ses victimes ? S'il ne t'avait jamais contactée par téléphone ?

J'ai du mal à faire le pas en arrière qu'il faudrait, à fonctionner comme j'en ai l'habitude. J'ai l'impression de ne pas avoir assez d'énergie, physique et émotionnelle. Et je ressens soudain ce même mélange de colère et de frustration que j'ai éprouvé tout à l'heure sur la plage.

Je baisse la tête pour essayer de reprendre le contrôle.

– Kate… Tu sais que j'ai raison. Tu es juste trop près pour le voir, trop impliquée dans tout ce qui vient de se passer.

Elle me donne quelques secondes.

Je n'arrive toujours pas à relever la tête.

– Adam n'a pas simplement décidé d'entrer en contact avec toi pour défier ce que tu représentes, pour montrer qu'il est capable de déjouer l'une des meilleures unités de police de la ville. Il veut partager ce qu'il est en train de faire avec toi, que tu en fasses partie. Parce que ça lui permet d'avoir un allié, un complice… Et parce que d'une certaine façon, grâce à ça, ce n'est pas lui qui tue. C'est toi. En étant incapable de l'arrêter.

Si seulement je pouvais revenir en arrière, trouver un moyen de sauver Julia Hewson.

– Kate ?

Je me redresse enfin.

– Sois honnête… Si Adam ne t'avait jamais appelée, s'il n'avait pas laissé de messages pour toi sur les lieux de crime, tu te sentirais aussi « responsable » de la mort de Julia Hewson ?

– Probablement pas. Mais ce n'est pas comme cela que les choses se sont passées.

Des images de corps contorsionné de douleur continuent à flasher dans mon esprit.

– Kate ? Il y a autre chose ?

Pour la deuxième fois en quelques minutes à peine, je suis complètement prise de court par l'une de ses questions.

– Non. Rien… Je suis juste crevée.

Elle jette un nouveau coup d'œil vers ses notes et je me tends immédiatement en sachant ce qu'elle s'apprête à me demander.

– Kate… Tu sais que tu peux me faire confiance ? Que tout ce que tu pourrais me dire ici, ce soir, est complètement confidentiel ?

– Oui.

– J'ai besoin de te poser une question.

Je ferme les yeux pour essayer de la dissuader. Sans succès.

– Quand tu as dit à Adam que tu savais exactement ce qu'il ressentait… Tu ne bluffais pas, n'est-ce pas ? Tu lui as bien dit la vérité…

Dans le mille.

Je n'ai pas l'énergie de lui mentir.

– Oui.

– Tu veux en parler ?

– Non.

« En » : la dernière chose dont je veux parler.

– Si jamais tu venais à changer d'avis, tu sais où me trouver…

– Oui. Merci.

Elle hésite une toute dernière fois, et dans le silence de mon bureau, je peux sentir sa déception. Et je me demande combien de fois j'aurais encore à aliéner des gens comme elle… À paniquer quand quelqu'un me pose une question personnelle.

– Tu veux revenir sur Adam ?

– S'il te plaît.

– OK…

Elle attrape son bloc-notes et reprend :

– Toujours à partir de ce que vous avez rassemblé jusqu'à présent, j'ai réussi à isoler trois comportements types qu'Adam alterne, souvent en succession rapide. 1) Il est défiant. Il veut prouver qu'il est le meilleur et qu'il est capable de déjouer tous vos pièges. Il se montre agressif, menaçant, et te considère comme un adversaire. 2) Il a peur, il est confus… Il a besoin de reconnaissance, que quelqu'un soit fier de lui. Il se comporte un peu comme un enfant, et s'adresse à toi comme si tu étais l'un de ses parents, une forme d'autorité dont il a à la fois peur et besoin. 3) Il cherche à former des liens d'amitié… Il essaie de trouver le maximum de points communs entre toi et lui. Il te traite en égal, comme quelqu'un capable de le comprendre.

– À ton avis, sur lequel de ses comportements je devrais plutôt jouer s'il me rappelle ?

– Les trois. Ce que tu as fait jusqu'à présent. Et qui était de loin la meilleure tactique.

Elle sourit et le moment de malaise de tout à l'heure s'est totalement dissipé.

– Vraiment ?

– Vraiment.

Nouveau sourire. J'enchaîne.

– OK… On a donc un schizophrène paranoïde, qui ne le sait probablement pas. Pourquoi ?

– Parce que ses symptômes sont récents… Parce qu'il est déjà trop paranoïaque pour aller voir un docteur… Parce qu'il vit seul, isolé, et que personne n'a vraiment eu l'opportunité de remarquer un changement dans sa personnalité…

– Tu penses qu'il a quel âge ?

– Jeune. Les premiers symptômes de schizophrénie se manifestent en moyenne chez les hommes entre 15 et 25 ans. Un peu plus tard chez les femmes.

– Emploi ?

– Difficile à dire… Mais au vu de ce que tu m'as fait écouter, je doute qu'il puisse maintenir une activité professionnelle stable, sans accrocs avec ses collègues ou ses supérieurs hiérarchiques. Il a peut-être été récemment licencié, ou il travaille plus ou moins à son compte. Dans tous les cas, il a eu assez de temps libre pour pouvoir étudier le comportement et l'emploi du temps de ses victimes, et préparer chacune de ses attaques.

– Logement ?

– Quelque chose de simple, fonctionnel, pas forcément très grand. Même avec des symptômes peu marqués, beaucoup de schizophrènes ont du mal à gérer différents aspects de la vie quotidienne : tâches domestiques, problèmes familiaux, bruits et autres contrariétés de ce genre… Pour lui, tout est soudain devenu beaucoup plus difficile. Le monde est devenu plus compliqué, imprévisible, dangereux – un peu comme c'est le cas pour un autiste. Il a besoin d'ordre, de calme, de contrôle. Il doit avoir envie de se replier sur des choses qu'il connaît bien, qu'il maîtrise. Et tu as raison côté profil criminel : il y a 99 % de chances qu'il habite *et* commette ses crimes dans la même zone géographique.

Je repense à l'un des mots qu'elle vient de prononcer.

– Tu penses que c'est à cause de cette tendance « autiste », au sens non clinique du terme, qu'il commet des crimes dénués de sang ?

– Oui. C'est fort possible. S'il aime les choses codées, bien organisées, l'idée d'être en contact avec quelque chose d'aussi physique et personnel que du sang doit lui être insupportable.

– Et la main ?

– Je dirais que les chances que cela fasse partie du déclencheur dont on parlait tout à l'heure sont écrasantes. S'il s'agit vraiment d'une fracture mal ressoudée, il est possible qu'Adam ait été trop paranoïaque pour demander et/ou accepter l'aide d'un médecin. Ça, ou que la blessure en question ait elle-même représenté un facteur déclenchant.

Elle pose de nouveau les yeux sur ses notes et enchaîne.

– Juste deux derniers points… 1) Gardez en mémoire que la schizophrénie est parfois génétique, ou liée à une grossesse à problèmes. Si vous avez un suspect qui a souffert de violences familiales pendant son enfance, ou qui a un frère, une sœur, un parent schizophrène, concentrez-vous sur lui. Et 2)… Ne sous-estimez pas le potentiel de violence de quelqu'un comme Adam. L'ennemi principal de tout schizophrène est le stress. Plus un schizophrène est soumis à des situations extrêmes de type peur, angoisse, colère, plus le risque qu'il devienne violent augmente. En le traquant comme vous le faites, vous essayez certes de l'arrêter. Mais vous le transformez aussi en quelqu'un de plus en plus dangereux…

31.

COMMISSARIAT CENTRAL DU VPD
2120 CAMBIE STREET
11:02

– Trois sucres et une bonne dose de lait ?

Harvey Briggs sourit en me voyant m'approcher de lui avec une tasse de café fumante, et tend les deux bras pour l'attraper.

– Merci.

Il porte immédiatement le liquide à ses lèvres et en avale plusieurs gorgées avant de réaliser qui je suis.

– Vous êtes la jeune femme d'hier soir ?

– Oui. Agent Kovacs. CSU.

Il me dévisage des pieds à la tête.

– Vous êtes bien plus mignonne que quand vous essayiez de m'aveugler avec votre lampe électrique.

Je souris à mon tour.

– Encore désolée… Nous ne voulions vraiment pas vous faire peur.

Il boit quelques gorgées supplémentaires et repose la tasse sur la table qui nous sépare, alors que je m'assois face à lui, dictaphone branché entre les doigts.

– Monsieur Briggs…

– Tout le monde m'appelle Harvey.

– OK. Harvey…

Il a l'air un peu mal à l'aise dans les vêtements amidonnés qui ont remplacé ceux qu'il portait sous les pans de sa couverture.

– Vous vous souvenez de ce qui s'est passé hier soir ?

– Plus ou moins.

Il baisse les yeux et, dans la lumière des néons alignés au-dessus de nous, il fait encore plus âgé que dans la ruelle. Frêle. Émacié. Avec des traits qui ne trahissent pas seulement les effets du temps, mais aussi ceux d'une vie qui n'a pas dû être très facile.

– Harvey… Quand je vous ai parlé, hier soir, vous avez mentionné avoir vu à plusieurs reprises un « homme à la main cassée ».

– Je vous ai dit ça ?

– Oui.

Il a peur.

– Vous savez où habite l'homme en question ?

– Non.

– Vous pouvez me le décrire ?

Ses doigts disparaissent dans la forêt de poils qui recouvre le bas de son visage et se mettent à gratter joues et menton.

– Pourquoi ?

– Parce que cet homme est actuellement recherché par la police.

– Le Russe ? Vous recherchez le Russe ??

Je vérifie machinalement que le voyant rouge du dictaphone est bien allumé.

– Oui.

– Qu'est-ce qu'il a fait ?

– Je ne suis pas en mesure de vous donner des détails. Il s'agit d'une affaire en cours.

– Vous pensez que le Russe a fait quelque chose de mal ?

– Oui.

Ses ongles passent de poils à cheveux et continuent leur travail.

– Ce n'est pas lui que vous devriez rechercher.

– Pardon ?

Il fait semblant de n'avoir rien entendu.

– Harvey, vous pensez que nous devrions rechercher quelqu'un d'autre ?

– Oui.

– Qui ?

– Celui qui lui a fait du mal.

– Quelqu'un a fait du mal au Russe ?

– Vous savez bien…

– Non. Je suis désolée… Je ne sais pas.

Il hésite.

– Vous recherchez le Russe et vous ne savez pas ce qui lui est arrivé ? Vous ne savez rien sur lui ?

Un résumé en quelques mots de la frustration que je ressens depuis plus de deux jours.

– Non. C'est pour cela que j'ai besoin de votre aide.

Il se met à gigoter sur son siège.

– Si je vous dis ce qu'il a fait, vous allez l'arrêter ?

– Oui. Mais j'ai d'abord besoin que vous me disiez à quoi il ressemble…

– Pourquoi ? Vous l'avez déjà rencontré. Je vous ai vue avec lui, dans le parking de l'hôtel…

– J'ai déjà rencontré le Russe ?

Je suis complètement perdue.

– Non. L'homme qui lui a fait du mal. Celui que vous devriez arrêter.

– Qui ?

Il hésite une toute dernière fois avant de se lancer.

– Le gardien du parking… Celui qui travaille la nuit.

– Dante Salomon ?

Il hoche la tête.

– Dante Salomon a fait du mal au Russe ?

– Oui. Bien plus que juste « du mal ».

Pour la première fois depuis le début de cette enquête, des morceaux du puzzle commencent enfin à s'assembler.

– Qu'est-ce qu'il lui a fait ?

Harvey se met à trembler et je peux sentir les vibrations de son corps à travers l'épaisseur de la table.

– Il… Il l'a tabassé… Tellement violemment que j'ai cru qu'il allait le tuer.

– Quand ?

– Il y a quelques semaines.

– Où ?

– Juste derrière l'hôtel. Un soir, en pleine nuit…

– Vous pouvez me raconter ce qui s'est passé ?

Ses doigts osseux enveloppent de nouveau la tasse et ses lèvres murmurent quelque chose que je n'arrive pas à comprendre, entre moustache et barbe grises.

– Je… Je ne sais pas comment ça a commencé… J'étais en train de faire les poubelles, juste à côté du jardin qu'il y a derrière l'hôtel, quand j'ai entendu quelqu'un sortir du parking… En courant… Je me suis vite caché, au cas où ce serait Salomon, mais ce n'était pas lui… C'était juste un jeune… Habillé en noir, avec une capuche relevée sur la tête… Et juste après, j'ai vu Salomon sortir en trombe, et j'ai compris qu'il le poursuivait.

Il ferme un moment les yeux, comme le font souvent les témoins à qui on fait revivre un événement traumatisant.

– Il… Il a poursuivi le jeune jusqu'au petit jardin, et il a réussi à le rattraper, à quelques mètres à peine de la cour où je me trouvais… Il l'a plaqué dans l'angle d'un des murs, et quand le jeune a essayé de résister… il… il a attrapé sa main gauche, et il l'a écrasée contre l'arête du mur… De toutes ses forces… Et vous savez pas quoi ? Le jeune n'a rien fait. Il n'a pas hurlé de douleur, il a juste regardé Salomon lui briser la main comme s'il s'agissait de quelque chose de tout à fait normal.

– Vous êtes sûr que l'impact était assez violent pour…

– Oui. Je peux même vous dire que j'ai travaillé pendant des années avec des hommes capables de passer des mois et des mois en mer, à tirer des câbles en acier et verrouiller des panneaux de déchargement en pleine tempête, et je n'ai jamais vu quelqu'un avoir un seuil de douleur aussi élevé que cela.

– Et ensuite, que s'est-il passé ?

– Il a explosé encore plus. Probablement parce que le jeune n'avait pas réagi. Et… Et il a sorti son arme électrique.

– « Son » arme électrique ? Vous saviez qu'il en avait une avant cette nuit-là ?

Il baisse les yeux.

– Oui. Il m'a menacé à plusieurs reprises avec.

– Pourquoi ?

– Parce que j'avais essayé, comme beaucoup d'autres sans-abri, de dormir à l'intérieur du parking. Parce que c'est un endroit à la fois abrité et relativement chaud, surtout en hiver.

– Dante Salomon vous a déjà attaqué avec l'arme en question ?

– Non. Enfin, je ne crois pas…

Je sens ma gorge se serrer.

– Je ne me souviens pas toujours de ce qui se passe quand… quand j'ai trop bu.

Un prédateur de plus. Que je n'avais même pas sur ma liste.

– Vous avez déjà porté plainte contre M. Salomon ?

– Non. Parce qu'il ne m'a jamais *vraiment* fait de mal. Il voulait juste me menacer, et c'était moi qui étais en tort.

J'ai l'impression de rêver.

– Écoutez-moi bien, Harvey…

Ma voix est un mélange d'incrédulité et de colère.

– Utiliser une telle arme est un acte répréhensible, passible de poursuites judiciaires. Et, peu importe que vous vous trouviez à l'intérieur de « son » parking, Dante Salomon n'avait absolument aucun droit de vous menacer de la sorte.

– Je… Je ne le savais pas… Jusqu'au soir où il a attaqué le Russe, je ne pensais pas qu'il pouvait être violent, qu'il pouvait passer à l'acte. Je pensais qu'il voulait juste ne pas perdre son job, à cause de tous les clients de l'hôtel qui se plaignent quand ils nous voient rôder autour du parking. Je pensais qu'il voulait juste défendre son territoire, comme on le fait un peu tous…

– OK…

J'ai du mal à continuer.

– Qu'est-ce que Dante Salomon a fait avec son arme électrique ?

– Il l'a placée contre le cou du jeune et il lui a donné une décharge. Et après ça… Après ça, le jeune est tombé sur le sol et Salomon s'est mis à le tabasser. Il lui a donné des coups de pied dans les côtes, dans le ventre… Et plusieurs décharges électriques supplémentaires.

– Toujours dans le cou ?

Il hoche la tête.

– Vous pensez que l'agression a duré combien de temps ?

– Je ne sais pas… Deux ou trois minutes… Peut-être moins… Mais Salomon s'est vraiment acharné sur lui.

– Vous avez réussi à voir le visage du jeune en question ?

– Non… Ils étaient tous les deux dans un endroit particulièrement sombre. Je pouvais juste voir des silhouettes, et les flashs de lumière bleue à chaque fois que Salomon utilisait son arme.

– Vous diriez que l'homme que Salomon a attaqué était plutôt grand, petit ? Mince ou athlétique ?

– Plutôt grand. Musclé.

– Qu'est-ce qui vous fait dire qu'il était jeune, si vous n'avez jamais réussi à voir son visage ?

– Je ne sais pas… J'ai peut-être vu son visage, très brièvement, mais je ne m'en souviens pas.

J'hésite un peu à enchaîner, de peur que ma prochaine question ne discrédite complètement son témoignage

– Harvey, vous aviez bu ce soir-là ?

– Non. C'est justement pour cela que je faisais les poubelles. Parce que je n'avais plus du tout d'argent. Je n'avais rien mangé depuis la veille. J'avais faim, j'avais froid. J'espérais trouver quelque chose à… Vous savez… Des restes.

Je me jure de lui trouver une place de refuge.

– Harvey… Est-ce que vous avez entendu le jeune parler, dire quelque chose ?

– Oui. Tout au début, quand Salomon l'a plaqué contre le mur.

– Qu'est-ce qu'il a dit ?

– Des choses comme « non », « s'il vous plaît… », « ne faites pas ça ». Mais comme il les a dites en russe, je pense que ça n'a fait que rendre Salomon encore plus furax.

– Vous parlez russe ?

– Oui. Cela fait partie des choses que les gens ont souvent du mal à comprendre. Les milliers de sans-abri qui vivent dans cette ville ne sont pas nés comme ça. Je ne suis pas seulement un ivrogne qui dort sous un tas de cartons, j'avais aussi une vie, avant…

– Ce n'est pas ce que j'ai voulu dire.

– Alors vous faites partie d'une minorité… Mais pour répondre à votre question, oui, je parle russe. J'ai travaillé pendant plus de vingt ans dans la marine marchande, dont une bonne dizaine d'années à faire l'aller-retour entre la Russie et le Canada.

Alors que Dante Salomon frimait sur ses responsabilités de gardien de nuit, Harvey ne mentionne même pas le fait qu'il était capitaine de bateau cargo, et non pas simple homme d'équipage.

– C'est pour cela que j'ai compris ce qu'il disait.

– Il n'a parlé qu'au début de l'agression ?

– Oui. Pendant, il était incapable de le faire… Il était sur le sol, tordu de douleur, à essayer de récupérer son souffle… Et il est resté comme ça pendant un bon moment après. Incapable de bouger, de se relever…

Il baisse les yeux.

– Et je sais ce que vous allez me demander : « Pourquoi n'êtes-vous pas intervenu ? » Et la réponse est : « Parce que j'avais trop peur. » Parce que j'avais peur que Salomon s'en prenne à moi, que ce qui est arrivé au Russe m'arrive aussi à moi.

– Vous n'avez pas à vous justifier. Personne ne peut savoir comment il ou elle aurait réagi dans une situation pareille.

– Sauf que même après le départ de Salomon, je n'ai toujours rien fait. Je suis resté caché, terrifié, derrière mon tas de poubelles… J'ai regardé le Russe allongé sur le sol, tout seul, en pleine nuit… Lutter et lutter pour retrouver son souffle… Et vous savez le pire dans tout ça ?

Je secoue la tête.

– Je crois qu'il m'a vu. Je crois que quand il a tourné la tête, pour regarder les gens et les voitures qui passaient dans la rue, à quelques mètres à peine de lui, il a vu où j'étais… Il savait que j'aurais pu l'aider, et que je ne l'ai pas fait.

J'enchaîne vite en sentant la table se mettre de nouveau à trembler.

– Vous pensez que le Russe a réussi à bien voir certaines des personnes qui sont passées près de lui ?

– Oui. Mais eux ne pouvaient pas le voir. Il était allongé dans le noir, contre un mur. Complètement hors de vue.

– Il a réussi à se relever tout seul ?

– Oui. Après plusieurs minutes.

– Sans demander de l'aide à personne ?

Il acquiesce.

– Vous l'avez vu appeler une ambulance ? Contacter la police ?

– Non. Il s'est relevé, péniblement, en tenant sa main gauche contre lui, et il est parti.

– Vers où ?

– Denman Street.

– Droite ou gauche ?

– Je n'ai pas vu.

Je fais vite le bilan.

– Hier soir, dans la ruelle, vous m'avez dit avoir vu l'homme à la main cassée, « plusieurs fois ». Vous vouliez bien parler de la même personne ? Vous vouliez bien parler du Russe ?

– Oui.

– Vous l'avez également vu *avant* qu'il se fasse attaquer par Salomon, ou *après* ?

– Après.

– Où ?

– Autour du Coast Plaza.

– Combien de fois ?

– Deux ou trois.

– Qu'est-ce qu'il faisait ?

– Il regardait les gens. Tapi. Dans des endroits sombres.

– Vous pensez qu'il regardait des personnes en particulier ?

– Je ne sais pas.

– Vous pensez qu'il *vous* regardait ?

– J'espère que non.

– Pourquoi ?

– Parce qu'à chaque fois que je l'ai vu, je me suis vite caché.

– Vous aviez peur de lui ?

– Non. J'avais honte. Je ne voulais pas qu'il sache que j'étais la personne qui ne l'a pas aidé.

– Harvey… Vous avez déjà vu le Russe entrer ou sortir d'un bâtiment ? D'un immeuble ? D'une maison ?

– Non. Jamais. Les seules fois où je l'ai vu, il était dans la ruelle, celle dans laquelle je dors d'habitude.

– Celle où on vous a trouvé hier soir ?

– Oui.

– Et même là, vous n'avez pas réussi à voir son visage ?

– Non. Il était toujours à contre-jour, ou bien caché sous sa capuche.

– Comment pouviez-vous alors savoir qu'il s'agissait du même homme ?

– À cause de sa main.

– Il avait un plâtre ?

– Non. Il s'était fait une sorte d'attelle improvisée… Avec un morceau de bois ou de métal, et du ruban adhésif.

– De quelle couleur ?

– Gris. Argenté.

Je relis vite mes notes.

– Harvey… Vous m'avez dit tout à l'heure que le Russe avait été attaqué « il y a quelques semaines »… Vous vous souvenez de la date exacte ?

À ma grande surprise, il n'hésite pas une seconde.

– Oui. Le 13 décembre.

– Vous en êtes sûr ?

– Oui. C'était un vendredi. J'ai passé ma journée à entendre des gens échanger toutes sortes d'absurdités sur le sujet. Vous savez… À cause de ces histoires de superstition.

– Vous savez à quelle heure l'attaque a eu lieu ?

– Je n'en suis pas sûr, mais probablement autour de minuit. La Maria's Taverna venait juste de fermer. C'est à ce moment-là que j'ai traversé la rue pour essayer de faire les poubelles du Coast Plaza.

– OK…

Je sors une photo d'Amelia Soares.

– Harvey… Vous avez déjà vu cette jeune femme ?

– Oui. Elle est souvent dans le quartier. À chaque fois qu'elle me voit, elle me donne toujours un peu d'argent, ou quelque chose à manger.

Les battements de mon cœur s'accélèrent.

– Vous l'avez vue, le soir de l'attaque ?

Il réfléchit.

– Oui, je crois…

Ses mains se remettent à gratter sa barbe.

– Oui. Elle était dans le Starbucks… Il y avait une fête à l'intérieur… Je l'ai vue derrière une des vitres… Je m'en souviens parce que j'ai pensé qu'ils devaient tous être en train de manger, et qu'ils n'avaient probablement pas conscience que des gens comme moi étaient affamés à quelques mètres à peine d'eux.

Je souligne *Soares-Starbucks* sur mon carnet.

– Et cet homme-là ?

Je fais glisser une photo de Michael Fairbanks vers lui.

– Vous l'avez dé…

– C'est l'homme à la Jaguar.

– Vous le connaissez ?

– Non. Mais il m'a fait expulser à deux reprises du parking.

– Pourquoi ?

– Parce que, selon lui, c'était un « scandale » que des gens comme moi puissent ne serait-ce que s'approcher du véhicule de quelqu'un comme lui.

– Il s'est plaint à Salomon ?

– Oui. Ou plus exactement, il a menacé Salomon. En lui disant que s'il n'était pas capable de faire son travail, il s'assurerait que quelqu'un d'autre soit payé pour le faire à sa place.

– Quand cela s'est-il passé ?

– La première fois, il y a deux ou trois mois… La deuxième, le soir de Noël.

Il y a un long moment de silence.

– Vous vous souvenez d'avoir vu l'homme en question, l'homme à la Jaguar, la nuit où le jeune a été attaqué ?

– Non. Mais il sort souvent tard le soir. C'est possible… Mais je ne l'ai pas vu.

– Vous savez qu'il a été tué ?

– Oui.

– Et vous n'avez rien vu d'étrange autour de l'hôtel dans les heures ou pendant les jours qui ont précédé son meurtre ?

– Non. Et c'est peut-être horrible à dire, mais d'une certaine façon, c'est à cause de lui que le jeune a été tabassé. Parce que si Salomon n'avait pas été aussi sous pression, il aurait peut-être réagi différemment… Il ne m'aurait peut-être pas menacé… Et j'aurais peut-être eu le courage d'aider le Russe, au lieu de le regarder sans rien faire, alors qu'il était au bord de l'asphyxie.

32.

COMMISSARIAT CENTRAL DU VPD
2120 CAMBIE STREET
15:16

– Vous avez fait exprès, c'est ça ? Vous avez attendu que je rentre chez moi, que je sois bien endormi pour envoyer vos sbires me sortir de mon lit et me traîner jusqu'ici !

– C'est exact. Je n'ai rien de mieux à faire que de calquer mon emploi du temps sur le vôtre pour vous causer le maximum d'inconfort.

Dante Salomon se penche vers moi et son physique gonflé aux stéroïdes est encore plus impressionnant dans l'espace réduit de la salle d'interrogation.

– Monsieur Salomon…

J'ouvre l'un des dossiers posés sur la table qui nous sépare, en faisant des gestes particulièrement lents, pour essayer de le mettre encore plus sous pression… Et j'adopte une voix un peu traînante, presque détachée. Aux antipodes de mon débit de paroles généralement bien plus rapide que la moyenne.

– Mes collègues vous ont bien lu vos droits ?

– Oui. Je suis en garde à vue pour une histoire de coups et blessures, et tout ce que je pourrais dire, blablabla…

– Vous voulez qu'un avocat soit présent pendant cet entretien ?

– Non. Je leur ai déjà dit.

– OK.

Je branche mon dictaphone et je continue, toujours aussi nonchalamment.

– Monsieur Salomon, vous pouvez me dire ce que vous faisiez, exactement, le vendredi 13 décembre autour de minuit ?

Il éclate de rire.

– Vous plaisantez ?

– Non.

– Vous pensez que je me souviens de ce que je faisais, exactement, à cette heure-là ?! Il y a plus de trois semaines !

Il s'approche du micro.

– Non. Je ne peux pas vous dire ce que je faisais, exactement, le vendredi 13 décembre, autour de minuit. Et vous, agent Kovacs ? Vous vous souvenez de ce que vous faisiez ce soir-là ?

Il est fier de son coup.

– Non. Mais je peux vous assurer que je n'étais pas en train de tabasser quelqu'un à l'arrière du Coast Plaza.

– Vous pensez que j'ai fait quoi ??

Son corps tout entier se met en mode d'attaque. Mâchoires et poings serrés. Veines du cou visibles.

– Je ne pense rien. Nous avons un témoin oculaire, et assez de preuves pour vous inculper pour coups et blessures volontaires, menaces physiques, et port d'arme illégal. Mon problème, actuellement, est de savoir si je dois *aussi* vous inculper pour le meurtre de M. Fairbanks.

– Vous vous foutez de moi ??

Il pose les deux mains à plat sur la table.

– Je n'ai absolument *rien* à voir avec ce qui est arrivé à cet enfoiré !

Je continue à le provoquer.

– Écoutez… Vous devez vous mettre à notre place. Grâce au mandat que nous avons obtenu, nous avons retrouvé plusieurs choses très intéressantes à l'intérieur de votre appartement…

Je fais glisser une série de photos vers lui.

– Une arme électrique, un Stun Master 625 000 volts, pour être tout à fait précis, pour lequel vous n'avez aucun permis. Une arme sur laquelle se trouvent vos empreintes digitales, et *uniquement* vos empreintes digitales… Nous avons aussi fait des prélèvements sur les deux électrodes de l'arme en question, et grâce aux particules que nous avons retrouvées, nous pourrons établir le profil génétique de la ou des personnes que vous avez attaquées. Vous comprenez bien ce que je suis en train de vous dire, monsieur Salomon ?

Il est à deux doigts de me sauter dessus.

– Oui. Je ne suis pas stupide.

– Ce qui n'est guère apparent au vu de ce que nous avons également découvert à votre sujet…

Je pose une longue liste d'adresses URL à côté des photos.

– Vous voyez, le problème des ordinateurs que l'on utilise à des fins personnelles sur son lieu de travail, c'est qu'ils font souvent partie de réseaux avec enregistrement systématique des activités de chaque poste… Et devinez quoi ? C'est le cas de celui qui se trouve à l'intérieur de votre cabine de surveillance ! Ce qui nous a permis de découvrir que vous avez passé l'essentiel de vos nuits, non pas à surveiller le parking comme vous êtes payé pour le faire, mais à explorer l'univers du poker sur Internet…

Je pose un index sur la longue série de sites qu'il a visités au cours des derniers mois.

– Votre compte en banque indique que vous perdiez beaucoup plus d'argent que vous n'en gagniez – ce qui est malheureusement l'un des risques inhérents à ce genre d'activités… Et qui nous amène au meurtre de M. Fairbanks…

Je fais semblant d'être un peu lassée par l'accumulation des preuves qui pèsent contre lui.

– Vous comprenez : nous avons d'un côté, vous, qui gagnez trois fois rien et dépensez trois fois trop… Et de l'autre, un homme d'affaires dont le compte en banque était bien plus que rempli.

– Vous savez bien que j'ai un alibi pour la nuit où il a été tué ! J'étais dans le parking, plusieurs personnes m'ont vu.

– Oui… Mais cela ne veut pas dire que vous n'avez *rien* à voir avec la mort de M. Fairbanks. Vous avez pu pousser quelqu'un à le tuer, prêter votre arme électrique au tueur, fermer les yeux quand il est entré et sorti du bâtiment… Les scénarios possibles sont nombreux.

– Sauf que je vous l'ai dit ! Je n'ai absolument rien à voir avec la mort de Fairbanks !

– Et vous voulez que je vous croie pour quelle raison ?

– Parce que c'est la vérité ! Je n'ai jamais tué qui que ce soit ! Ou aidé qui que ce soit à commettre un meurtre !!

– Non. Ce que vous faites est bien moins grave. Vous tabassez seulement des gens sans défense.

– Le taré du parking n'était pas sans défense !

– Vraiment ?

Il n'a pas l'air de réaliser qu'il vient d'avouer un crime passible de plusieurs années de prison.

– Vous auriez dû le voir ! Il était fou à lier !

– Et c'est pour cela que vous l'avez poursuivi ? Roué de coups ? Immobilisé avec des décharges de 625 000 volts ?

– Non !! C'est parce qu'il… C'est parce qu'il…

Il réalise enfin.

Trop tard.

– Vous m'avez piégé !!

Son bras est braqué vers moi et je fais tout mon possible pour ne pas réagir à la menace qu'il représente soudain.

– Vous n'êtes qu'une… Vous…

Il se mord les lèvres de colère et reste un long moment à me regarder. Fou de rage. Comme s'il attendait que je montre enfin un signe de peur, de soumission… Et en ne voyant rien arriver, il change complètement d'attitude.

– OK. J'ai tabassé le crétin du parking. Mais ce n'est pas comme s'il ne l'avait pas cherché.

J'essaie de rester calme.

– C'est-à-dire ?

Il sourit.

– Vous voulez que je vous fasse une démonstration ?

Il se met à fixer le dictaphone du regard.

– Maintenant, imaginez que le voyant rouge soit l'emblème de la Jaguar de Fairbanks, et vous avez le malade du 13 décembre.

– Il a regardé l'emblème de la Jaguar, et… ?

– Non… Il n'a pas juste « regardé » l'emblème de la Jaguar. Il l'a fixé comme si le truc l'avait hypnotisé… Et il s'est mis à lui parler ! Dans une langue incompréhensible, un de ces charabias de fou. Je lui ai dit plusieurs fois de déguerpir, mais il n'a pas réagi. Et c'est là qu'il a essayé de toucher le jaguar… Il a tendu le bras, lentement, comme si c'était un vrai animal qui aurait pu le mordre… Alors je l'ai attrapé par le bras pour le faire sortir de force et il a littéralement pété un plomb ! Il s'est mis à se débattre, à me balancer des trucs incompréhensibles… Et je lui ai fait une clé de main.

– Parce qu'il allait *toucher* le jaguar ?

Il me regarde comme si je n'avais rien compris.

– Vous savez ce qu'aurait fait Fairbanks si son emblème avait été abîmé, s'il avait retrouvé ne serait-ce qu'une égratignure sur la carrosserie de sa voiture ? Il aurait probablement fait fermer le parking et virer tous les gens qui y travaillent ! Je n'avais pas le choix. C'était lui ou moi.

– Pas le choix ?!

– Non. Si vous commencez à montrer le moindre signe de faiblesse, ce n'est pas seulement des malades comme lui qui passeraient leur temps dans le parking, mais aussi tous les clodos du quartier. C'est comme de la vermine, on a beau les repousser et les repousser, ils reviennent toujours à l'attaque.

Le mot « vermine » se met à résonner dans mon esprit et j'attrape un stylo, juste pour essayer de penser à autre chose.

– Vous avez donc agressé l'homme en question à l'intérieur *et* à l'extérieur du parking.

– Non. Dans le parking, c'est *lui* qui m'a agressé.

– Vous venez de me dire que vous lui aviez fait une clé de main…

– Oui. Mais au lieu d'obtempérer, il s'est mis à se débattre comme un fou – ce qu'il était d'ailleurs –, et il a réussi à me donner un coup de coude dans les côtes. C'est pour cela que je l'ai poursuivi. Parce qu'il m'a attaqué ! Pour autant que je sache, c'est la définition même de l'autodéfense.

– Il s'est enfui, et vous avez choisi de le poursuivre.

– Oui ! Vous ne pensez tout de même pas que j'allais le laisser s'en tirer comme ça !

Je fais attention de ne pas briser le stylo que je tiens entre les doigts.

– Et ensuite, que s'est-il passé ?

Il hésite.

– Je lui ai fait comprendre de ne jamais revenir dans mon parking.

– Vous pouvez me donner un tout petit peu plus de précisions ?

Pour la première fois, il semble remarquer que je suis à deux doigts de l'explosion, et en bon mâle alpha, reconnaît qu'il n'aura pas forcément le dessus sur ce coup-là.

– Je l'ai frappé.

– Comment ?

– À coups de pied.

– Et ?

Il hésite.

– Je lui ai donné plusieurs décharges électriques. Et ça l'a bien calmé.

J'ai envie d'aller me doucher. De faire disparaître le sentiment de dégoût que je ressens, de ne plus avoir à me comporter en prédateur professionnel, prêt à jouer au plus fort avec un homme comme Dante Salomon.

Et j'ai du mal à articuler ma dernière question.

– Monsieur Salomon, vous pouvez me décrire le jeune que vous avez attaqué ?

Il se recule sur son siège, me lance un grand sourire, et je sais déjà ce qu'il s'apprête à faire.

– Vous avez besoin de mon aide, n'est-ce pas ?

Je ne lui réponds pas et il éclate de rire.

– Désolé, agent Kovacs… Ne le prenez pas mal, mais je pense que cela devrait faire partie d'une sorte de deal… Entre vous, moi, et mon avocat… Et vous savez, ce genre de choses prend souvent beaucoup de temps. Ce n'est pas aussi facile que cela de se souvenir de quelqu'un qu'on a vu il y a près d'un mois.

– *Agressé*, il y a près d'un mois.

– Croyez-moi, si vous l'aviez vu, vous seriez d'accord avec moi. C'était un minable. Un être insignifiant. Et j'espère maintenant que c'est quelque chose qu'il a bien enregistré.

33.

BUREAUX DU CSU
1135 DAVIE STREET
16:27

– OK. Je viens de parler à Amelia Soares, et elle a confirmé que… 1) Elle connaissait bien Harvey, « le vieil homme en uniforme qui dort derrière la Maria's Taverna », à qui elle a donné à plusieurs reprises de quoi manger et un peu d'argent, et 2) elle se trouvait bien dans le Starbucks de Denman Street le vendredi 13 décembre, pour célébrer l'anniversaire d'un de ses amis : Roberto Alvarez.

Je commence à couvrir d'informations le carrefour de Denman et Comox Street que je viens de dessiner sur le tableau de la salle de réunion. Et je vois Nick et Keefe reproduire la même chose sur des feuilles de papier.

– Elle ne se souvient pas exactement de l'heure à laquelle elle a quitté le café, mais elle est sûre que c'était juste après minuit, parce que tout le monde attendait la fin du vendredi 13, « par superstition », avant de rentrer. Elle est partie seule, avant le reste des invités parce qu'elle devait se lever à 06:00 le lendemain pour bosser… Et voici le chemin qu'elle a emprunté…

Je parcours un bout de Denman Street avec mon marqueur, et je le fais glisser sur le passage clouté qui mène à Comox Street.

– Elle a traversé le carrefour, puis longé la façade du Coast Plaza, et se souvient de deux choses bien précises à cet endroit-là.

Je place un X devant la sortie du parking de l'hôtel.

– 1) D'un jeune, « plutôt mignon », qui descendait la rue à vélo. À peu près le même âge qu'elle. Cheveux bruns coupés en brosse. Casque sur les oreilles et lecteur MP3 accroché sur le guidon. Ils se sont souri, et elle s'en souvient très bien parce que… 2)…

Je dessine la trajectoire du vélo et celle d'un autre véhicule.

– Une voiture est sortie à fond la caisse du parking de l'hôtel et a manqué de peu de les renverser. Elle n'a pas été capable de me donner la marque du véhicule, mais elle m'a dit qu'il s'agissait d'une voiture de luxe, bleue ou noire, avec un homme plutôt âgé au volant. Elle se souvient aussi qu'il y avait un emblème qui dépassait du capot, peut-être celui d'une Mercedes. Enfin…

Je place une deuxième croix à l'arrière du Coast Plaza.

– Elle croit avoir entendu quelque chose bouger dans le noir, dans le jardin qu'il y a derrière l'hôtel, mais elle ne s'est pas retournée. Parce que la rue était déserte et qu'elle n'était pas trop rassurée. Elle ne se souvient pas d'avoir vu autre chose dans la périphérie directe du Coast Plaza. Uniquement avant, quand elle se trouvait sur Denman Street, et après sur Davie Street.

Je change de marqueur.

– Nick ?

– J'ai également réussi à placer Julia Hewson sur le carrefour ce soir-là.

Il nous montre un relevé bancaire, sur lequel une des opérations a été surlignée en jaune.

– Elle a utilisé le distributeur de billets qui jouxte le Coast Plaza, Canada Trust Bank, retrait de 200 dollars. Les enregistrements vidéo de cette nuit-là ont été effacés, mais j'ai l'heure exacte de la transaction : 00:06. J'ai appelé Paul Hewson pour vérifier qu'il – ou qu'une tierce personne – n'ait pas eu accès à la carte de son épouse. Et la réponse est non. Ce qui nous fait 4 sur 4 : Fairbanks, Soares, Briggs et Hewson.

Je complète le carrefour avec le nom de la quatrième de nos victimes qui se trouvait sur les lieux ce soir-là et je vois Keefe vérifier son portable et me faire signe qu'il a besoin de prendre un appel en urgence.

« Vas-y. »

Il sort de la pièce et je continue.

– On a donc le scénario suivant... Adam est attaqué par Dante Salomon, à l'arrière de l'hôtel, et alors qu'il se fait tabasser – ou juste après qu'il s'est fait tabassé –, il voit plusieurs personnes apparaître dans son champ de vision : rue, trottoirs, fenêtres… Tout est possible. Vu le type d'arme que Salomon a utilisé, Adam a dû rester immobilisé pendant plusieurs minutes. Blessé. Incapable de se relever ou d'appeler à l'aide…

J'ai du mal à continuer.

– Si notre théorie est correcte, Adam a ainsi passé les quatre dernières semaines à traquer les personnes qui figurent sur sa liste parce qu'elles ne sont pas intervenues ce soir-là. Et ce, alors même que tout porte à croire que les personnes en question n'ont même pas remarqué sa présence.

– Ce qui veut dire qu'il y a trois personnes, que nous n'avons quasiment aucune chance de pouvoir identifier, actuellement en danger de mort.

Nick écrase la canette de Coca vide qu'il tenait entre les mains et se lève.

– Génial…

L'emballage vient finir sa course au fond d'une poubelle avec un bruit métallique, comme pour bien ponctuer le sarcasme que Nick vient de mettre dans son dernier commentaire. Et alors que je m'apprête à suggérer un break, Keefe rentre en trombe dans la pièce.

– On a un suspect potentiel.

Il se précipite vers le clavier de son ordinateur et enfonce plusieurs touches.

– Andrew Longford. Ex-étudiant à la Simon Fraser University. Département de mathématiques appliquées.

Un visage on ne peut plus banal apparaît sur l'écran. Dans les 20-25 ans. Cheveux noirs coupés court. Yeux marron. Absolument rien d'exceptionnel à signaler.

– C'est un de mes contacts qui vient de m'envoyer son dossier. Un ancien pote de l'UBC qui l'a eu comme élève. Aucun lien slave, main ou Adam... Mais il s'agit d'un jeune hyper doué et, je cite, « un peu bizarre ». Obsédé par le développement de logiciels de protection de données, et plus particulièrement de protection de données personnelles. Spécialité : cryptographie... Et...

Il ouvre un nouveau document.

– Il a été expulsé de la SFU il y a moins d'un mois : le 9 décembre. Soit quatre jours avant qu'Adam se fasse tabasser à l'arrière du Coast Plaza.

– On a une adresse ?

– Non, aucune. Andrew Longford a entièrement vidé sa chambre de cité U le lendemain de son renvoi, et depuis, personne ne l'a vu.

– Raison du renvoi ?

Il vérifie l'écran.

– « Une série d'absences répétées et de travaux pratiques non rendus. » Apparemment, la fac lui a donné trois avertissements avant d'avoir recours à cette mesure extrême. Enfin...

Deux nouvelles photos apparaissent sur l'écran : garçon et fille, à peu près du même âge.

– Mon pote m'a également envoyé l'identité de deux étudiants avec qui Andrew Longford a travaillé en trinôme pendant plus d'un an, et avec qui il était apparemment ami : Patrick Dempsey et Kimberly Huang. Ils sont actuellement en cours, et leur directeur de recherches peut les retenir sur place ce soir si tu veux leur parler. J'ai son nom et son numéro.

– Parfait.

J'attrape mes affaires.

– Appelle-le et sortez tout ce que vous pouvez sur Andrew Longford... Recontactez tous les hôtels, B & B et blocs d'appartements du West End qu'on a déjà passés en revue et envoyez une patrouille du VPD à la SFU pour protection possible des deux étudiants. Nick, appelle aussi la GRC et demande-leur s'ils peuvent nous donner une de leurs unités en renfort.

– GTI[1] ?

– Si possible. Et faites gaffe de ne rien laisser filtrer pour l'instant. Je n'ai pas envie de voir le portrait d'un étudiant qui n'a peut-être rien à voir avec la personne qu'on recherche faire la une de tous les journaux demain matin.

1. Groupe Tactique d'Intervention.

34.

SIMON FRASER UNIVERSITY

8888 UNIVERSITY DRIVE

17:51

– Vous êtes bien sûrs de ne pas savoir où se trouve actuellement Andrew Longford ?

– Certains. On ne l'a pas vu depuis le jour de son renvoi, il y a environ un mois.

Les deux étudiants que je viens de rejoindre dans une des salles de la SFU attendent patiemment que je continue, avec une retenue qui oscille entre timidité et politesse.

– Vous étiez là quand il a déménagé ?

– Non. Personne ne l'a vu partir. Il a dû le faire pendant la nuit. On s'est réveillés le lendemain de son renvoi, et il n'était plus là. Sa chambre était vide. Aucun mot, aucun signe qu'il ait jamais habité là.

Pour la troisième fois d'affilée, c'est Patrick Dempsey qui me répond ; assis juste un peu trop près de Kimberly Huang pour que leurs relations se résument à occuper les deux tiers d'un trinôme.

– Vous savez si Andrew a une adresse email ? Un numéro de portable ?

– Oui. Mais aucun des deux ne fonctionne. Je le sais parce que la fac a essayé de le contacter à plusieurs reprises pour une histoire de papiers à signer, et tout a été déconnecté.

– Mais *vous* n'avez jamais essayé de le contacter ?

– Non.

– Je pensais que vous et Andrew étiez proches ?

– C'est exact. Nous *étions* proches.

– Mais ce n'était plus le cas quand il a été renvoyé ?

Il ne me répond pas.

– Vous pouvez m'expliquer ce qui s'est passé ?

Il échange un long regard avec la fille et toutes sortes d'émotions se mettent à glisser sur leurs visages : tristesse, regret, colère, peur… Un arc-en-ciel de sentiments en tons de gris.

– C'est compliqué…

Il hésite, et c'est Kimberly qui enchaîne, en attrapant distraitement la main de son partenaire.

– Agent Kovacs… Vous ne pouvez vraiment pas nous dire pourquoi vous recherchez Andrew ?

– Non. Et pour être tout à fait honnête avec vous, je ne suis même pas sûre qu'Andrew soit la personne que nous recherchons. C'est la raison pour laquelle j'ai autant besoin de votre aide. Pour arriver à établir s'il a, oui ou non, quelque chose à voir avec notre enquête.

– Et si on vous dit tout ce qu'on sait sur Andrew, cela risque-t-il de lui nuire ? Allez-vous retenir nos informations contre lui ?

Elle a l'air sincèrement inquiète.

– Je peux vous assurer que si Andrew est bien la personne que nous recherchons, tout ce que vous pouvez me dire aujourd'hui ne peut que l'aider.

– Et si jamais ce n'est pas lui ?

Première pierre d'achoppement.

J'essaie de négocier l'obstacle.

– En tant qu'officier de police, si vous me donnez des informations qui impliquent Andrew dans une affaire criminelle, je serai bien sûr obligée de poursuivre la chose. Mais j'imagine que si vous et Andrew ne vous êtes pas quittés en très bons termes, c'est parce qu'il a fait quelque chose que vous n'approuviez pas – ou l'inverse.

– C'est beaucoup plus compliqué que cela…

Ils continuent à hésiter.

Je leur tends une perche.

– Vous avez peur d'être impliqués dans ce qu'il a fait ?

Nouveau silence.

J'ai l'impression de jouer aux devinettes : la dernière chose que j'ai envie de faire à ce moment précis.

– Vous étiez seulement *au courant* de ce qu'il faisait ?

Ils hochent tous les deux la tête.

– Mais vous n'êtes pas intervenus ?

– Si. On a essayé, mais ça n'a pas marché.

Le garçon prend le relais.

– Vous devez bien comprendre qu'on a fait tout ce qu'on pouvait… Qu'on a vraiment essayé… Mais c'était trop difficile, Andrew était devenu trop difficile…

– Vous voulez dire qu'il a changé ?

– Oui.

Première réponse en chœur. Je continue sur cette piste.

– Quand est-ce qu'il a commencé à changer ?

– Il y a environ un an. Juste après la mort de son père. Sa mère a dû être transférée dans un hospice près de l'endroit où ils habitaient, un bled paumé au milieu de nulle part, près d'Edmonton…

Province d'Alberta.

Au moins 1 000 kilomètres de Vancouver.

– Elle a la maladie d'Alzheimer, et au début, on a pensé que c'était à cause de cela que le comportement d'Andrew avait tant changé. Parce qu'il s'était retrouvé orphelin, d'une certaine façon. Fils unique, sans père et avec une mère qui ne le reconnaissait même plus. Il a commencé par être déprimé, un peu perdu… Puis il s'est mis à moins parler, à se coucher de plus en plus tard, à travailler tout seul dans sa chambre pendant des heures et des heures… On a essayé de l'aider, de lui remonter le moral… Mais les choses n'ont fait qu'empirer.

– De quelle façon ?

– Il est devenu imprévisible, impulsif, parano, inquiet sur tout et n'importe quoi. Il m'a accusé de lui avoir « volé » Kim, alors qu'on sortait ensemble bien avant de le connaître. Il s'est mis à critiquer nos profs, les autres étudiants du département… À arriver chroniquement en retard, à ne plus rendre de TP… Et à faire des trucs de plus en plus bizarres.

– Comme ?

Il échange un nouveau regard avec son amie avant de me répondre.

– Le genre de choses qu'on fait quand on est épuisé. Vous savez, quand on a tellement peu dormi, que tout a l'air un peu irréel ?

J'acquiesce.

– Eh bien, Andrew nous a fait le coup plusieurs fois. Il est arrivé pour bosser avec nous, complètement décalqué, et il s'est mis à délirer. À faire semblant de parler en russe… À nous dire qu'Adam lui avait donné la réponse au problème sur lequel on travaillait.

– « Adam » ?

Mon cœur réagit au quart de tour. Avec des battements beaucoup plus puissants, beaucoup plus rapprochés.

– Oui, c'est un personnage fictif qu'il s'était inventé. Son guide spirituel comme il disait, qui l'aidait à résoudre les équations sur lesquelles on coinçait.

– Il a commencé à mentionner « Adam » à quel moment ?

– Il y a environ cinq-six mois, peut-être plus. Mais c'était juste une vanne, probablement un moyen de cacher le fait qu'il était bien plus doué que nous deux réunis, et que ce n'était pas toujours lui qui trouvait systématiquement les réponses à tous nos problèmes.

– Andrew est à ce point doué ?

Ils sourient tous les deux.

– C'est le moins qu'on puisse dire… Il est non seulement hyper doué en maths, mais aussi capable de vous faire un récital au piano, et de dessiner quelqu'un qu'il n'a vu que quelques secondes comme s'ils avaient passé leur vie entière ensemble. Il n'a pas seulement une mémoire phénoménale, il a un véritable don pour se souvenir des choses dans leurs moindres détails. Et avant qu'il… qu'il ne change, c'était à la fois un ami, et quelqu'un que nous admirions tous les deux profondément.

– Avec le recul, vous pensez qu'il lui est arrivé quoi ?

Ils ont l'air gênés, et c'est le garçon qui continue.

– Je pense qu'il s'est mis à souffrir de problèmes psychiques, de problèmes mentaux assez graves. Mais on s'en est rendu compte beaucoup trop tard.

– Quand ?

Ils se regardent de nouveau, et il y a soudain une sorte d'accord tacite entre eux. Des doigts qui se serrent. Des yeux qui échangent toutes sortes d'informations en silence. Et c'est la fille qui se lance.

– La veille… La veille de son renvoi. Andrew nous a demandé de le rejoindre dans sa chambre, tard le soir, et il nous a expliqué pourquoi il arrivait toujours en retard le matin, pourquoi il avait l'air toujours aussi crevé…

Elle fait une pause et continue, au bord des larmes.

– Il nous a fait entrer dans la pièce, et il a commencé par nous montrer toutes sortes d'appareils qu'on ne savait même pas qu'il possédait. Un scanner de fréquences, un encodeur de cartes magnétiques, un système d'écoute téléphonique… Et il nous a expliqué ce qu'il avait fait, nuit après nuit… Le projet sur lequel il avait travaillé pendant plusieurs mois, tout seul, en secret…

Elle s'arrête, incapable de continuer, et c'est le garçon qui prend la relève.

– Il a « traqué » des dizaines de personnes, des « cobayes » comme il les a appelées, pour développer un nouveau système de cryptage informatique. Il a obtenu toutes sortes d'informations sur eux… Identité, adresse, numéro de téléphone, comptes en banque… Et on ne parle pas ici juste de choses faciles à obtenir. Il avait leurs numéros de passeport, la date de naissance de leurs parents, enfants, collègues de travail. Il a réussi à obtenir des fichiers ultraconfidentiels. Il a même écouté des fréquences de police, ambulances et pompiers pour obtenir certains détails. Et il a créé une banque de données géante avec tout ça, pour prouver à quel point le système actuel était vulnérable et inefficace.

– Vous savez comment il a choisi ses « cobayes » ?

– Oui et non. Je crois qu'il les a pris un peu au hasard, dans la rue, dans des endroits publics ou semi-publics… Mais je crois qu'il les a tous repérés dans une zone bien précise, qu'il a définie comme étant son champ de référence. Tout était on ne peut plus scientifique. Codé. Étiqueté.

– Quelle était la zone en question ?

– Le West End. Il nous a montré une carte sur laquelle il avait indiqué les « points de rencontre zéro » à partir desquels il avait lancé ses recherches. Une plaque d'immatriculation, un reçu de distributeur de billets jeté par terre… Des détails qui servaient d'indices initiaux. Et après, vous savez bien, c'est un peu le principe de la pelote de laine… Les gens ne réalisent pas à quel point leur vie privée peut être dévoilée à partir d'un rien… Bref, il nous a dit qu'il avait passé ses week-ends à quadriller le West End, à la nuit tombée, et que grâce aux informations qu'il avait rassemblées, il allait pouvoir développer un nouveau logiciel. Pour protéger informations personnelles et réseaux de communication. Il comptait sérieusement faire une thèse là-dessus, développer un nouveau produit. Bien sûr, on lui a dit qu'il était fou à lier. Que tout cela était complètement illégal, qu'il risquait d'aller en prison, de se faire renvoyer de la fac… Mais il n'a rien écouté… Au contraire, il avait l'air triste, déçu, qu'on ne partage pas son enthousiasme… Et il nous a demandé de sortir de la pièce. De le laisser tout seul.

– Vous l'avez fait ?

– Oui. Et on a passé la nuit à agoniser. À se demander ce qu'on allait faire, si on devait en parler à la fac, à la police… Essayer de convaincre Andrew une toute dernière fois, lui donner une toute dernière chance… Et c'est là que tout s'est réglé sans qu'on ait rien à faire. Parce qu'il a été renvoyé le lendemain matin.

– Il n'y a aucun lien entre les recherches que poursuivait Andrew et son renvoi ?

– Non. On n'a jamais parlé à personne de ce qu'il nous a montré. Vous êtes la première… Le conseil d'administration de la fac avait une réunion, prévue depuis longtemps, et c'est là qu'ils ont décidé d'exclure Andrew. Et c'est probablement le pire de tout… Parce qu'au fond de moi, je suis sûr qu'Andrew pense que c'est à cause de nous qu'il a été renvoyé… Qu'on l'a trahi, mais ce n'est pas le cas.

– Vous ne l'avez pas revu du tout depuis ?

– Non. La dernière fois qu'on l'a vu, il était tout seul sur le pas de sa porte. Écœuré par notre comportement. Je crois qu'il avait pensé qu'on allait être fiers de lui, épatés par ce qu'il avait fait… Et il avait l'air perdu, encore plus qu'après la mort de son père.

35.

BUREAUX DU CSU
1135 DAVIE STREET
19:43

– Toujours pas d'adresse ?

– Non. Mais tu ne devineras jamais ce que je viens de trouver…

Je m'assois à côté de Keefe, sans même prendre la peine d'enlever ma veste.

– J'ai rentré toutes les informations que tu m'as filées sur la route et j'ai découvert ça…

Il fait apparaître une série de documents sur l'écran de son portable.

– Andrew Longford n'est pas du tout né à Edmonton, comme son dossier d'inscription de la SFU l'indique. Il est né là.

Il me montre un point sur la carte qui vient d'apparaître devant nous.

UKRAINE.

Sept lettres qui représentent un nouveau pas de géant.

– Ville de Donetsk. Sud-est du pays, près de la frontière russe.

– Il a falsifié son dossier d'inscription ?

– Non. Pire. Andrew Longford n'est pas son vrai nom.

Il ouvre un nouveau document.

– Il a été adopté. Et son vrai nom est… Tu es prête ?

J'acquiesce.

– Rodchenko. Adam Rodchenko.

Je n'arrive pas à décoller mon regard de l'acte d'adoption affiché devant moi.

– Tu vois le tampon « Confidentiel » qu'il y a dans un des angles ? Eh bien, il ne s'agit pas d'une procédure normale… Il s'agit d'une mesure exceptionnelle, destinée à protéger des enfants à haut risque, en leur offrant une nouvelle identité au moment de l'adoption. Nom de famille, prénom, lieu de naissance, etc. Dans le cas d'Adam, la seule chose qui semble avoir été conservée, est une sonorité approchante entre prénom d'origine et d'adoption. Mais tout le reste est différent.

– Pourquoi ?

Keefe serre les dents avant d'enchaîner.

– Quoi qu'Adam ait pu faire en tant qu'adulte, on ne peut pas dire qu'il ait eu le meilleur départ dans la vie…

Ses doigts se mettent à glisser sur le clavier.

– Il a été adopté à l'âge de 5 ans et demi alors qu'il se trouvait dans cet orphelinat.

Une série de photos défilent devant nous. Sordides.

– Orphelinat de Bila Tserkva, dans la région de Kiev. Selon les rapports qui ont été utilisés pendant la procédure d'adoption, Adam était classé comme enfant « difficile, à tendance autiste ». Et il a passé l'essentiel de son séjour là – c'est-à-dire près d'un an –, isolé des autres pensionnaires, attaché plusieurs heures par jour à son lit pour « sa propre sécurité et celle des autres enfants ».

– Ses parents biologiques sont morts ?

– Non. Sa mère vit depuis plusieurs années dans un sanatorium, pour des problèmes de santé chroniques – tuberculose et hépatite. Son père est en prison. Pour ce qu'il a fait à Adam, et pour le meurtre d'un autre prisonnier, alors qu'il était incarcéré.

– Qu'est-ce qu'il a « fait » à Adam ?

Keefe clique sur un nouveau document et un dossier médical se met à défiler devant nous : le résultat de l'horreur que Vladimir Rodchenko a fait subir à son fils pendant plus de quatre ans.

– Tout y est. Violence physique. Torture mentale. Adam n'a pas été abandonné par ses parents, ce sont les services sociaux qui l'ont sorti de cet enfer.

Je ne me souviens pas d'avoir vu Keefe aussi affecté pendant une enquête, et j'ai du mal à garder en mémoire que l'homme dont nous parlons est probablement celui qui vient de tuer deux personnes et laisser une troisième grièvement blessée.

– Comment le couple Longford a-t-il découvert l'existence d'un enfant comme Adam ?

– Joseph Longford travaillait à l'époque dans un labo de physique nucléaire à Kiev, et sa femme, Iris, de façon bénévole dans des orphelinats et écoles de la région. J'imagine que c'est comme cela que leur chemin a croisé celui d'Adam… Dans tous les cas de figure, vu la façon dont Adam était classé, je ne pense pas que les autorités soviétiques ont dû faire trop de problèmes aux Longford pour l'adoption.

– Il a gardé des séquelles importantes des blessures que son père lui a infligées ?

– À part la dizaine d'os plus ou moins bien ressoudés ? Apparemment non. Mais son dossier psychiatrique indique qu'il a passé des années et des années à avoir peur du noir, à cause d'une des techniques d'intimidation que son père utilisait.

– Le Domovoï.

– Exact. Il a terrifié son fils avec ça. En plus des coups.

– Et la mère ?

– Trop ivre pour faire quoi que ce soit. À part regarder.

– Tu sais si Adam a été soigné pour des problèmes psychiques, de type schizophrénie ?

– Non. Il a vu un psy jusqu'à l'âge de 15-16 ans, et après ça, plus rien.

– Les Longford ont eu des problèmes avec lui ?

– Aucun. « Andrew » a eu une scolarité exemplaire entre le moment où ses parents l'ont inscrit dans une école canadienne, à l'âge de 9 ans, et ses premières années de fac. Les deux étudiants à qui tu as parlé ne t'ont pas menti, il s'agit réellement de quelqu'un d'incroyablement doué. Et j'imagine que ses parents adoptifs ont dû mettre le paquet pour arriver à transformer ainsi sa vie…

– Tu penses que les Longford lui ont tout dit sur sa famille d'origine.

– Je ne sais pas… Mais j'ai également trouvé ça…

Une demande de passeport apparaît sur l'écran.

– Il s'est fait faire plusieurs papiers au nom d'Adam Rodchenko l'an dernier. Ce qui laisse à penser qu'il a au moins eu accès à son acte de naissance d'origine. Quelque chose qu'il a pu obtenir légalement, ou illégalement, comme il a réussi à obtenir toutes les informations personnelles dont il avait besoin pour traquer ses victimes.

– On a donc deux identités possibles, avec papiers à l'appui.

– Affirmatif.

– On sait si Adam… Andrew… a eu des contacts récents avec sa mère adoptive ?

– C'est ce que Nick est en train de vérifier.

Une alarme se met à sonner sur le deuxième ordinateur de Keefe.

– Deux secondes…

Il fait glisser son fauteuil et clique sur l'icône en train de flasher sur l'écran.

– C'est une des adresses qui vient de tilter… Une chambre d'hôtel…

Je retiens mon souffle et j'attends qu'il continue.

– Un « A. Longford »…

– Où ?

Il enfonce vite une série de touches.

– Oceanside Hotel. 1847 Pendrell Street.

– Louée depuis quand ?

– 10 décembre.

– Tu veux dire qu'il habite…

– Je sais… À quelques mètres à peine de la RS2... En plein dans la zone rouge.

36.

OCEANSIDE HOTEL
1847 PENDRELL STREET
20:30

– Agent Kovacs. En position.

Je relève le col de ma veste pour masquer l'oreillette et le micro que je viens d'utiliser, et je pose le dos de ma main gauche sur mes reins.

– À trois.

Je forme le chiffre en écartant pouce et doigts, et je m'avance vers la façade de l'Oceanside – une série de panneaux bleus et blancs qui ne diraient pas non à une couche de peinture fraîche. Un bâtiment aussi sordide dans la réalité que sur les photos que Keefe nous a montrées. Deux étages. Aucune chambre allumée à signaler.

– Un…

Je replie un doigt et je mémorise la position exacte du Beretta accroché à ma ceinture. Dans la pénombre de la rue, la hiérarchie de mes sens a brusquement changé. Et le toucher est monté de plusieurs grades.

– Deux…

Mon index disparaît à son tour dans le creux de ma main ; la porte de l'hôtel n'est plus qu'à quelques mètres.

Derrière moi, je sais que Nick est en train de suivre chacun de mes gestes, assis dans la Jeep du CSU garée le long du trottoir… Comme le fait le tireur d'élite de la GRC, allongé sur un des toits de garages qui donnent sur la rue.

En théorie, si Adam se trouve dans sa chambre, il ne peut pas nous échapper : le quartier est bouclé, l'hôtel entièrement encerclé. En pratique, même l'opération la mieux organisée au monde a le pouvoir de finir en tragédie.

Je pose un pied sur le seuil de l'entrée.

– Trois…

Et ma main gauche se transforme en poing.

– Je peux vous aider ?

La femme qui m'accueille de l'autre côté du comptoir de réception n'est pas difficile à reconnaître.

La soixantaine. Cheveux moulés aux bigoudis. Bijoux clinquants aux poignets. Lunettes en demi-lune pendues autour du cou.

Il s'agit de Mme Lemansky, la femme du propriétaire. Une copie conforme de la photo qui figurait sur l'une des fiches d'identité que j'ai étudiées avant de quitter le bureau.

– Bonsoir…

– Vous voulez réserver une chambre ?

Elle se fend d'un sourire tellement forcé qu'il ressemble à un rictus.

– Non. Pas exactement…

Je me place entre elle et la cage d'escalier qui monte aux étages.

Vide.

L'état dans lequel j'aimerais qu'elle reste pendant encore quelques minutes.

– Madame Lemansky…

Elle se fige en m'entendant prononcer son nom.

– Mon nom est Kate Kovacs. Je suis officier de police.

Je soulève le revers de ma veste pour lui montrer ma plaque et je continue, en gardant la cage d'escalier dans mon champ de vision.

– Madame Lemansky, j'ai besoin que vous restiez extrêmement calme. J'ai quelques questions à vous poser, auxquelles j'aimerais que vous répondiez le plus vite possible, et je vais ensuite vous demander de quitter cette pièce. Vous m'avez bien comprise ?

Elle hoche la tête.

– Combien de personnes résident actuellement dans votre établissement ?

– D… Deux.

– Vous pouvez me donner leurs noms et le numéro de leurs chambres ?

Elle vérifie le registre posé devant elle.

Toujours rien dans la cage d'escalier.

– Mlle Skouris, dans la 106. M. Longford, dans la 203.

– Ces clients sont-ils, actuellement, dans leurs chambres ?

– Mlle Skouris, non. M. Longford, je ne sais pas.

– Vous êtes sûre que Mlle Skouris n'est pas dans sa chambre ?

– Oui. Elle est sortie il y a environ vingt minutes.

– Et vous n'avez pas quitté ce hall d'entrée depuis ?

– Non.

La voix de Nick se met à grésiller dans mon oreille.

« Voie toujours libre – Réception 5 sur 5. »

Je continue.

– Madame Lemansky, y a-t-il d'autres membres du personnel avec vous ce soir ? Dans d'autres parties de l'hôtel ?

– Non. Je suis seule.

– Vous pouvez me dire quand vous avez vu M. Longford pour la dernière fois ?

Elle déglutit avec difficulté.

– Je… Je ne l'ai jamais vu… C'est mon mari qui était là quand il est arrivé pour la première fois. Et depuis, personne ne l'a vu. Il doit travailler de nuit ou quelque chose comme ça…

– Vous êtes déjà entrée dans sa chambre ?

– Non. Il a payé d'avance et il a demandé à ne jamais être dérangé. On lui a même fait une réduction parce qu'il a refusé les services de femme de ménage et autres avantages qu'il aurait pu avoir à plein tarif.

– OK…

Je pose la main sur la crosse de mon Beretta et je dégrafe la languette de sécurité du holster.

– Madame Lemansky… Je vais maintenant sortir mon arme et vous demander de faire *exactement* ce que je vais vous dire… D'accord ?

Elle acquiesce et je sors le 9 mm de son étui.

– Vous n'avez aucune raison d'avoir peur… Suivez juste mes instructions et je vous promets que tout sera fini d'ici quelques instants…

Je la guide à travers le hall d'entrée, en gardant à tout moment mon corps et mon Beretta entre elle et la cage d'escalier, et une fois arrivées sur le seuil de l'entrée, je tends le bras pour lui indiquer l'une des voitures du VPD garées en bout de rue.

– Vous voyez ce véhicule ?

Elle acquiesce, de nouveau sans un mot.

– J'ai besoin que vous alliez rejoindre l'officier qui se trouve à bord. Son nom est sergent Vaughn. J'aimerais que vous restiez avec lui jusqu'à ce que nous ayons fini. Toujours d'accord ?

Elle s'éloigne au pas de trot en guise de réponse, en serrant fort les pans de son cardigan, et je recolle mes lèvres sur le micro sans perdre une seconde.

– Agent Kovacs à toutes les unités. Déploiement immédiat. Je répète : déploiement immédiat.

– POLICE !!

La porte du 203 vient s'écraser contre un mur et je m'engouffre dans la pièce avec Nick et plusieurs agents du GTI.

– POLICE !

Un ballet de bras tendus et de canons 9 mm se met à fouiller l'endroit.

Salon.

– Rien !

Salle de bains.

– Rien !

Chambre.

– Vide !

Je fais basculer mon Beretta vers le sol et je braque un bras vers la porte d'entrée.

– Fouille systématique du bâtiment ! Pièce par pièce ! Toit inclus ! Nick, reste avec moi.

La cacophonie de hurlements et de portes claquées se déplace de la chambre au palier. Et dans un brouillard d'images syncopées qui commence à peine à se dissiper, la pièce principale se met enfin à prendre forme devant moi…

Ordinateurs… Appareils d'écoute… Lecteur optique… Boîtes de rangement… Et sur l'un des murs, quelque chose de tellement familier que j'ai du mal à m'en approcher.

Des dizaines et des dizaines de dessins à l'encre noire, épinglés côte à côte sur les rayures du papier peint. Codés. Regroupés par identité.

Julia Hewson, plantée devant un distributeur d'argent. Amelia Soares, en train de pousser la porte d'entrée du Holly Lodge. Un jeune sur un VTT. Michael Fairbanks au volant de sa Jaguar. Harvey Briggs endormi sous son tas de cartons. Et, superposés dans une colonne à part, plusieurs autres sur lesquels je ne peux m'empêcher de m'attarder.

Ma silhouette et celle de la Volvo sur le parking du CSU… Le moment où je suis arrivée sur Comox Street samedi soir… Mon visage, en gros plan, sous lequel une longue liste d'informations personnelles a été imprimée.

Et juste à côté, un autre visage que je reconnais.

– Nick…

Je lui montre Leslie Singh, dessiné devant le Coast Plaza et derrière la fenêtre de son bureau.

– J'y suis.

Il dégaine son talkie-walkie et se met à organiser la protection du responsable de la sécurité de l'hôtel, tout en me montrant les dessins d'Harvey Briggs pour me faire comprendre qu'il s'en occupe aussi…

Alors que je prends en photo les deux personnes qu'il nous faut retrouver au plus vite, et la liste qui trône en plein milieu du mur :

IIIII II 37112921773261
IIIII II 37237271234347
IIIII II 3711525323712234311
IIIII II 3723374743711

IIIII II 371137237961117361
IIIII II 3723431323614111
IIIII II 37115192343472367

Sept victimes. Encore deux non identifiées.

Deux hommes.

V5 et V7.

J'envoie les photos à Keefe et je compose son numéro.

– Détec…

– C'est Kate. J'ai besoin que tu décodes immédiatement les combinaisons suivantes.

Je lui lis les deux lignes qui nous manquent et il me répond avec un débit de paroles aussi rapide que le mien.

– « Le Livreur » et « Le Chinois ».

– Dans cet ordre ?

– Affirmatif.

– Je viens de t'envoyer des photos.

– En train de les télécharger.

Nick lève un pouce pour me faire signe que tout est OK côté protection, et je concentre toute mon attention sur l'homme au VTT. Victime n° 5. Celle qu'Adam a toutes les chances d'attaquer ce soir.

Dans les 20-25 ans. Grand sourire charmeur. Casque sur les oreilles. Cheveux en bataille… Probablement le jeune dont Amelia Soares m'a parlé tout à l'heure.

Je balaie vite la série de dessins du regard et j'essaie d'isoler le moindre détail qui pourrait nous permettre de l'identifier, portable toujours collé contre l'oreille… Et, après quelques secondes à peine, j'en vois soudain un.

– Keefe ?

– Toujours là.

Je m'approche au maximum du mur pour bien lui décrire ce que j'ai vu.

– Boîte de pizza, sur le guidon du VTT…

Je l'entends taper sur son clavier.

– Je l'ai.

– Logo. Gratte-ciel noir et blanc… Motifs à carreaux sur l'emballage ?

– Pizzeria Nat's New York.

– Tu en es sûr ?

– 100 %. Ils font partie de mes principales sources d'alimentation.

Il tape de nouveau sur son clavier.

– 1080 Denman Street. À quelques portes à peine du Coast Plaza.

– Appelle-les pour voir s'il s'agit d'un de leurs livreurs, ou de leurs clients réguliers.

– Donne-moi deux minutes… Reste en ligne.

Je passe à la victime n° 7. Un homme d'une cinquantaine d'années, origine asiatique, tablier sombre sur la poitrine… Planté devant la devanture d'un commerce… Immédiatement identifiable grâce à l'enseigne qu'on peut voir sur quasiment chacun des croquis : *South Van Produce*. Le nom d'un magasin de fruits et légumes qui donne sur le carrefour de Comox et Denman Street.

Je montre l'enseigne à Nick, qui lève un pouce pour me faire comprendre qu'il s'en occupe aussi, et je sors vite le talkie-walkie en train de grésiller dans ma poche.

– GRC1 à agent Kovacs… GRC1 à agent Kovacs…

– Kovacs. À vous.

– La fouille du bâtiment n'a rien donné. Je répète, la fouille du bâtiment n'a rien donné. Aucun suspect à signaler. Nous attendons vos instructions. À vous.

Je regarde fixement les visages des deux personnes dont la vie ne tient qu'à un fil.

– Agent Kovacs à GRC1. Restez en renfort sur Denman et Comox Street. Je répète, restez en renfort sur Denman et Comox Street. Bien reçu ?

– Cinq sur cinq. À vous.

– Kovacs, terminé.

– Kate ?

La voix de Keefe.

Je repasse sur mon portable.

– Vas-y.

– Je l'ai.

Je sors mon carnet.

– Son nom est Damien Koch. Étudiant et livreur à temps partiel.

– Adresse ?

– Immeuble Palladian. 1705 Nelson Street. Appartement 411.

– OK.

Je fais signe à Nick de me suivre et je m'engouffre dans la cage d'escalier, tout en continuant à parler à Keefe.

– Demande à Connie de rappliquer illico et de passer la chambre d'Adam au peigne fin. Reste en contact avec le VPD pour la V7. On s'occupe de la 5.

Je raccroche et j'essaie de visualiser l'adresse qu'il vient de nous donner.

Nelson Street.

500 mètres à peine de là où nous sommes.

500 mètres de trop si Adam est déjà sur place.

37.

THE PALLADIAN

1705 NELSON STREET

20:58

Les pneus de la Jeep crissent sous le freinage brutal de Nick et je sors du véhicule avant même qu'il ait coupé le contact.

– Bouclez le quartier !

Je balaie la périphérie du Palladian avec le bras – un immeuble bas et large qui épouse la courbe d'un virage – et j'assigne une zone à chaque unité du VPD en train d'apparaître devant moi.

– Vous : bloquez la circulation. Vous et vous : bâtiments avoisinants. Vous : portail d'entrée. Vous : interdiction à qui que ce soit d'entrer ou de sortir de l'immeuble. Suspect dangereux et situation de prise d'otage possible. Je répète : suspect dangereux et situation de prise d'otage possible. Des questions ?

La dizaine d'hommes et de femmes en uniforme secoue la tête et se disperse au pas de course.

– Nick, avec moi.

Je sors le Beretta de son holster et je m'avance en courant vers la porte d'entrée du Palladian.

Dans mon champ de vision, des éléments auxquels je ne porte qu'un minimum d'attention se succèdent au fil des mètres… Haies d'épineux… Murette en béton… Lampadaires… Un tunnel d'images un peu floues qui mènent toutes au même point : le seuil du bâtiment. Une porte vitrée encadrée par deux piliers bleus, et une myriade de pots de fleurs.

– Merde.

Je relève mon arme en voyant ce que Nick a déjà repéré.

Un message OUT OF ORDER collé sur le boîtier de sécurité de l'entrée.

Je balaie vite du regard le jardin qui nous entoure… Les coursives qui longent les parois du bâtiment… Le noir insondable qui marque chacune de leurs extrémités…

Et soudain, j'en suis sûre.

– Kate ?

– Il est dehors.

– Quoi ?

– Tout est là. La nuit. Le silence. La végétation. Comme à l'arrière du Coast Plaza.

Je sors mon talkie-walkie et j'appuie sur la touche TALK.

– Agent Kovacs à GRC1.

– GRC1. À vous.

– Déploiement immédiat. Je répète : déploiement immédiat. 1705 Nelson Street. Palladian. Appartement 411. À vous.

– Bien reçu. À vous.
– Cinq sur cinq. Kovacs, terminé.
J'entends une série de sirènes s'approcher de nous à toute vitesse et je replonge le talkie-walkie dans la poche arrière de mon jean. Puis je fais signe à Nick de s'engager dans la coursive de gauche, pendant que je m'enfonce dans le noir de celle de droite.

À peine une poignée de mètres et je suis à l'arrière du Palladian, dans un jardin saturé de végétation, dix fois plus grand que celui de l'entrée.
Je fais un premier passage à 180° avec mon arme.
Mur en béton avec une porte marquée PARKING.
Arbres, pelouse, haies, arbustes.
Halo de lumière qui vient de la rue.
Personne à signaler.
Je m'avance de quelques mètres, et je recommence.
La porte de parking est fermée, mais avec une poignée qui donne sur l'extérieur. Le jardin est un mélange de plantes gigantesques et de gazon fraîchement tondu. La construction en bois dans un des angles a l'air d'être un abri à vélos.
Je fais deux ou trois pas de plus, tellement concentrée sur le cercle d'informations qui entoure le canon de mon arme que j'ai l'impression que mon univers tout entier se limite à ces quelques centimètres carrés.
Je m'avance vers les vélos… Quasiment que des VTT… Dont un couché à même le sol.

Je sens ma respiration s'accélérer, le cercle d'informations se refermer encore plus devant moi… Et je repère l'élément qui ne devrait pas se trouver là : l'écran bleu électrique d'un lecteur MP3. Allumé. Posé au milieu du vert de la pelouse.

Et pire.

Bien pire.

Non, non, non…

Je pose les yeux sur les traces de sang qui s'éloignent du VTT… Espacées comme de sordides cailloux de Petit Poucet… Et je me mets à les suivre en courant.

Jusqu'à...

La porte de parking sous laquelle elles s'arrêtent.

Je pose une main sur la poignée. Ouverture d'un coup, pied contre battant. Et je braque le Beretta sur ce qui se trouve juste derrière…

Un escalier en métal.

Lui aussi couvert de gouttes de sang.

Je descends les marches en cherchant la victime du regard… Adam… Mais le parc de véhicules qui s'étend devant moi est un labyrinthe de carrosseries et de zones d'ombre.

– POLICE !

Aucun son.

De l'autre côté du sous-sol, une autre porte. Fermée. Bien trop loin pour que je puisse la couvrir correctement.

Je repose les yeux sur les taches de sang.

Zigzag sur la droite, vers une zone du parking plus ou moins vide.

Je suis les points rouges à la trace, Beretta braqué à deux mains devant moi.

– POLICE ! Mains en l'air !! Montrez-vous !

Je repère une camionnette blanche – emplacement libre juste derrière… Et dans le bourdonnement de mes oreilles saturées de tension, j'entends un premier son.

Un gémissement.

À la limite de l'audible.

– POLICE !

Je me colle contre l'arrière de la camionnette…

Plus qu'un pas…

Une simple rotation…

Et je plonge dans l'inconnu…

– POLICE ! Mains en l'air !!

Je braque mon arme vers l'emplacement libre, et je me retrouve nez à nez avec deux hommes. Agenouillés sur le sol.

Le premier est inconscient, tenu à bras le corps par le second.

Cible n° 1 : Damien Koch, le visage couvert de sang.

Cible n° 2 : une silhouette cagoulée, vêtue de noir, un couteau plaqué contre le cou de sa victime.

– POLICE ! Mains en l'air !

– Il s'est débattu… Je ne voulais pas lui faire de mal…

La voix d'Adam me fait l'effet d'un projectile qui s'écrase contre une vitre, et il y a soudain des éclats d'informations partout… Sa main gauche légèrement déformée. Le rouleau de ruban adhésif posé près de lui. L'arme électrique accrochée à sa ceinture. Les crans de son couteau qui brillent. Ses yeux… Fixés sur moi… Le ton plaintif qu'il vient d'employer… Le sang… Le sang qui coule lentement sur le visage de sa victime…

– Adam ! Posez votre couteau !

– Non… Non… Non…

Il colle la lame encore plus fort contre le cou de sa proie.

– Adam ! Non ! Vous ne voulez pas faire ça…

J'ai sa tête dans ma ligne de mire, ce point d'impact parfait que j'ai appris à viser sur des centaines et des centaines de cibles en carton.

Front. Entre les deux yeux.

Sauf qu'il ne s'agit pas d'un stand de tir. Que je peux sentir la peur et la confusion de l'homme que j'ai en joue… Ses doigts prêts à faire glisser la lame, même si j'ouvre le feu. Prêt à profiter de cette milliseconde que son corps mettra avant de perdre toutes ses fonctions.

– Adam… Posez votre arme sur le sol…

Toujours rien.

Je balaie vite du regard le visage de Damien Koch. Pas de lacération majeure, pas d'hémorragie. Juste le résultat classique de coups portés à mains nues. L'un de ses yeux est gonflé, son nez probablement cassé, et le reste du sang semble provenir de simples coupures. Arcade sourcilière, pommettes, lèvres.

Je me permets un seul coup d'œil sur le reste de son corps – a priori aucune autre blessure – et je me reconcentre sur ma cible.

– Adam…

Je repense vite à ce que Susan m'a dit pendant la nuit. Les trois options… Et je choisis la troisième : « ami ». De peur que les deux autres le fassent réagir violemment, et le poussent à faire un geste brusque, fatal.

– Adam…

Je rassemble toute l'énergie physique et mentale qu'il me reste, et je change de voix. Calme… Posée… Presque intime.

– Je comprends ce que vous avez dû faire.

J'ai l'impression de trahir tout ce que je suis censée représenter. La mémoire de Michael Fairbanks et celle de Julia Hewson. La douleur d'Amelia Soares. Les fondements mêmes de toute mon éthique personnelle.

– Vous comprenez ?

– Oui. Je sais ce qui vous est arrivé. Nous venons d'arrêter la personne qui vous a agressé, le gardien du parking… Tout est fini.

– Non. Rien n'est fini. Il me reste encore cinq personnes à tuer.

Mon index se crispe sur la gâchette.

– Adam, non… Croyez-moi. Vous ne voulez pas faire ça.

– Si. C'est le seul moyen… C'est le seul moyen de leur faire comprendre…

– Écoutez-moi bien…

J'arrive à faire un pas vers lui. Qu'il ne semble pas remarquer.

– La violence est le *dernier* moyen de faire comprendre quelque chose à quelqu'un. Vous devez…

– Non ! Ils m'ont vu… Ils étaient tous là ! Et ils n'ont rien fait ! Comme elle !

– Votre mère ?

Ses pupilles se resserrent.

– Adam, les personnes que vous avez attaquées ne vous ont pas vu. Elles étaient…

– C'est faux !

– Adam ! Elles étaient bien là, près de vous, mais vous étiez dans le noir… Elles n'avaient absolument aucun moyen de pouvoir vous voir…

– Non, non, non… Le jaguar les a vues aussi… C'est pour cela qu'il m'a suivi jusque dans l'appartement… Pour me surveiller… Pour me parler…

– Qu'est-ce qu'il vous a dit ?

– Je ne sais pas. Je ne l'ai pas compris.

Il se met à parler en russe et je sais que je n'ai plus que quelques secondes pour essayer de le ramener à la réalité.

– Adam, écoutez-moi bien… Vous n'êtes pas comme votre père, vous n'êtes pas comme le gardien du parking… Vous pouvez encore le prouver… Posez votre arme et faites-moi confiance…

Il hésite.

– Adam… Vous savez que j'ai raison… Vous ne voulez pas faire ça.

– Non. Mais je *dois* le faire.

Il tire violemment le corps de Damien Koch contre lui, et pendant un flash d'horreur, je peux voir la lame couverte de sang.

– Adam ! Non !

Il reste en suspens. Comme figé par ma réaction, couteau toujours collé contre le cou de sa proie. Et je sais que c'est ma dernière chance.

– Adam. Vous vouliez une preuve, c'est bien ça ?

– Une preuve de quoi ?

– Hier soir, au téléphone… Vous vouliez une preuve… Vous vouliez être sûr que je vous comprenais vraiment.

J'ai toute son attention.

– Vous la voulez toujours ?

– Oui.

Je replie légèrement mon coude pour faire pivoter mon arme sur son axe et le regarder droit dans les yeux.

– Je vous comprends parce que je suis comme vous.

Je fais un pas de plus vers lui, et la vie de Damien Koch dépend littéralement de ce que je m'apprête à dire.

– Je sais ce que cela fait d'être allongé sur le sol, dans le noir, incapable de respirer… Incapable de se défendre. Je le sais parce que ça m'est arrivé à moi aussi.

– Je ne vous crois pas.

Je me force à continuer.

– C'est comme de se noyer… Les poumons font tout ce qu'ils peuvent pour essayer de trouver assez d'oxygène. Ils se dilatent, ils poussent fort contre vos côtes… Mais cela ne sert à rien. Vous essayez d'avaler gorgée d'air après gorgée d'air et le peu d'oxygène qui arrive à se faufiler dans votre corps ne fait qu'empirer les choses. En vous laissant juste assez de lucidité pour pouvoir tout sentir. La peur… La douleur… Le son monstrueux de la vie en train de s'échapper de votre corps… Seconde après seconde… Minute après minute… Dans un brouillard de points noirs qui vous force à fermer les yeux… À repenser à tout ce que vous auriez pu faire, que vous n'avez pas fait… À ne pas rater une seconde de l'agonie qui s'est emparée de vous…

La lame s'écarte lentement du tracé de la carotide.

– C'est pour cela que vous devez me faire confiance. Parce que je sais que vous ne pourrez jamais effacer ce qui vous est arrivé… Mais que vous pouvez vous en servir… Pour faire preuve de compassion… Faire tout ce qui est en votre pouvoir pour que *personne* n'ait jamais à vivre ce que *vous* avez vécu… Briser l'engrenage de violence dans lequel vous avez été pris, que vous avez perpétué…

Ses yeux sont brillants de larmes.

– Adam… S'il vous plaît…

Je décolle ma main gauche du Beretta, et je la tends vers lui, grande ouverte…

– Donnez-moi votre couteau…

Il hésite une dernière fois…

Ses doigts se crispent sur le manche de son arme…

Et brusquement, ses mains ne sont plus où elles étaient.

J'ai à peine le temps de réaliser que la lame n'a rien tranché, qu'Adam est en train de se rendre…

Et je vois le couteau rebondir plusieurs fois à mes pieds. Le corps de Damien Koch s'écrouler sur le sol. Puis Adam attendre que je l'arrête, les bras tendus dans la position du Christ.

MARDI 14 JANVIER

38.

MAISON DE KATE KOVACS
3042 MARINE DRIVE
02:06

Je place le Beretta dans son coffre et je mélange la combinaison avec le pouce.

284002

450215

176911

J'ai l'impression d'avoir de nouveaux codes à déchiffrer.

Je détache holster, beeper, portable… Comme de mauvais souvenirs que je ne veux plus sentir sur moi… Et dans la lumière tamisée de la pièce qui me sert de bureau, je suis enfin seule.

Je n'ai plus peur d'entendre la voix d'Adam à l'autre bout du fil, d'arriver trop tard pour sauver l'une de ses victimes. Je suis juste seule au milieu d'une nuit d'hiver, assommée par ce qui vient de se passer.

Je dégrafe la plaque de police accrochée à ma ceinture et je la pose sur le plan de travail.

Devant moi, des piles de dossiers attendent d'être réduites en un rapport administratif rédigé dans les règles : chefs d'inculpation, pièces à conviction, témoignages… Deux morts et un blessé grave réduits à quelques pages de texte.

Une insulte finale.

Je ne sais pas si « Adam » sera jugé sous le nom de Rodchenko ou celui de Longford. Mais je sais en revanche que je viens de signer deux autorisations d'autopsie en moins de 48 heures. Et que même si Damien Koch est juste en observation pour la nuit au St Paul's, Amelia Soares est loin de pouvoir en sortir…

Une fin d'enquête sans le moindre sentiment de victoire, de satisfaction.

J'éteins la lampe d'architecte pointée vers le plafond, et j'allume celle qui se trouve entre fauteuil et bureau – un halo de lumière orange qui ose à peine s'aventurer sur les accoudoirs. Juste assez pour ce que je m'apprête à faire.

Je touche machinalement les perles de mon bracelet tibétain avec le pouce, comme pour me donner du courage, et je m'assois face au mur du fond. Genoux relevés contre la poitrine… Menton enfoncé dans le col de ma polaire…

Et la frontière entre présent et passé explose en un instant.

Je suis de nouveau seule, au milieu d'une autre nuit d'hiver…. Entourée de bitume gorgé de pluie… À écouter le râle d'un corps en train de s'asphyxier.

Je serre fort les yeux, et je fais un nouveau bond dans le temps. Cette fois-ci, en avant.

J'imagine les prochains mois d'Amelia Soares… Son corps soumis à une longue série d'anesthésie-opération, anesthésie-opération, sans aucun miracle possible à la clé… Celui de Michael Fairbanks enterré ou incinéré en présence de simples employés, collègues, clients… Le moment où Iris Longford apprendra que son fils adoptif vient de tuer deux personnes, sans même pouvoir le comprendre… Jack Hewson qui ne reverra jamais sa mère le border, lui raconter une histoire… Et les journaux qui résumeront le tout avec des titres bien choisis de quelques mots à peine.

Je relève la tête et j'ouvre les yeux.

Épinglés devant moi, des dizaines de documents attendent comme prévu que je réagisse.

Photos du FBI… Pages de texte classées Top Secret… Rapports d'ADN... Extraits de dossier médical… Et…

La longue série d'images que j'ai moi-même dessinées à la main.

Des visages recouverts de cagoules.

Des iris représentés en gros plan.

Une rangée de sapins sur laquelle se découpe…

Je suis en train de pleurer.

Je revois le mur similaire qu'Adam avait dans sa chambre. Comme si cela devait me faire admettre que lui et moi ne sommes pas si différents que ça… Que nous sommes tous les deux des prédateurs.

Mais je sais que c'est faux.

Parce que ce ne sont pas mes proies qui m'empêchent de dormir la nuit. Ce sont leurs victimes, toutes les vies humaines que je n'ai pas réussi à sauver.

Dont celle de l'homme que j'aimais.

Je voudrais remercier ma famille et mes amis pour leur amour, leurs encouragements et tout ce qu'ils représentent pour moi.

En France : mes parents ; mon frère, son amie et leur fille, Chloé.

En Irlande du Nord : Kathy et ses trois filles, Danielle, Andrea et Cathy.

Quelque part sur la planète : Anne et Laura.

L'équipe éditoriale de Milan Poche pour son travail, son soutien et son enthousiasme – ainsi que toutes les personnes qui ont contribué à la réalisation et la diffusion de cette série.

Enfin, le groupe Radiohead et la ville de Vancouver pour être deux sources d'inspiration absolument inépuisables ! Sans eux, l'univers de CSU ne serait pas ce qu'il est.

carolineterree@yahoo.com

DANS LA MÊME SÉRIE

MACADAM

MILAN

CSU

PORTÉE DISPARUE

Sur le parking d'une forêt de Vancouver, la voiture d'une jeune femme est retrouvée abandonnée.

C'est celle de Rachel Cross, 24 ans, étudiante… et fille unique d'un sénateur américain multimillionnaire.

Fugue ? Enlèvement ? Assassinat ?

Pour Kate Kovacs et son équipe du CSU, tout est possible.

Et le temps est compté…

CSU

LE PHÉNIX

Incendie criminel. Une évidence devant les restes calcinés de l'église de la petite ville de Squamish, non loin de Vancouver. Une piste s'impose : la secte du Phénix, installée dans les montagnes qui surplombent la ville.
Affaire délicate pour le CSU. Très vite, Kate Kovacs et son équipe se retrouvent au cœur d'un terrible engrenage de haine, de violence et de drames humains…

CSU

MORT BLANCHE

« Mort blanche ». Pour les amateurs de montagne, ce nom signifie désastre. Mais pour d'autres, il est synonyme d'adrénaline.

Suite à un accident d'hélicoptère, les membres du CSU sont amenés à enquêter sur les causes de ce drame... Un drame aux circonstances troubles, entre parois rocheuses et couloirs d'avalanche. Un drame où la vie ne pèse pas grand-chose, face à la mythique mort blanche...

CSU

LE DRAGON ROUGE

OD : mort d'un officier de police.

L'un des pires codes qui soient…

Pour Kate et son équipe, l'enquête se révèle peut-être plus délicate que les autres. D'autant que la fusillade a fait plusieurs victimes, dont un membre de la Triade du Dragon Rouge, la mafia locale.

Chinatown, règlements de comptes, racket… Un mélange explosif entre les mains du CSU.

EXTRAIT

CSU

LE DRAGON ROUGE

1.

SAMEDI 12 OCTOBRE

CAFÉ STARBUCKS
1097 DAVIE STREET
23:48

– Merci.

J'attrape le cappuccino à emporter que me tend l'employé du Starbucks et je me dirige vers le petit comptoir près de la porte d'entrée pour ajouter une bonne dose de lait et deux sachets de sucre au mélange.

Puis je scelle le tout avec un couvercle en plastique et je ressors du café ; prête à affronter les dernières heures de mon jour d'astreinte en tant qu'officier supérieur.

Je traverse Thurlow Street – café dans une main, clés de voiture déjà dans l'autre – et je déverrouille à distance la Volvo garée de l'autre côté du carrefour sur le parking du CSU.

Bip-bip.

Les feux arrière se mettent à flasher dans la nuit.

Deux points de lumière rouge dans une immensité de bleu foncé.

Je monte à bord du véhicule et je glisse le cappuccino dans le porte-gobelet intégré à la colonne centrale.

Puis je claque la portière, et alors que je m'apprête à retourner au Central, mon portable et mon beeper se mettent à sonner en même temps.

Je jette un coup d'œil à l'heure affichée sur le tableau de bord – 23:52 – et je décroche.

– Agent Kovacs.

– Vous avez bien reçu notre message ?

Je fais basculer l'écran du beeper et je lis vite la ligne de texte affichée entre mon pouce et mon index.

– Affirmatif.

– Vous pouvez y être dans combien ?

– Cinq-dix minutes.

– Des problèmes avec les coordonnées ?

– Non. Aucun.

Je mets le contact et je continue.

– Vous pouvez appeler les membres de mon équipe ?

– Déjà fait.

– Merci.

J'attache ma ceinture de sécurité et je mets le véhicule en mode d'urgence.

Gyrophare posé sur le tableau de bord.

Sirène allumée.

Puis je relis une dernière fois le message affiché sur l'écran de mon beeper avant de démarrer.

OD. Chinatown Plaza.

L'un des pires codes qui soient.

La mort d'un officier de police dans l'exercice de ses fonctions.

Je traverse le centre-ville aussi vite que possible, en évitant Robson Square et son ambiance festive de samedi soir.

Puis je m'engage sur Hastings Street, et alors que je m'enfonce dans le cœur du district 2, la texture sociale de la ville commence lentement à se désintégrer sous mes yeux.

Les gratte-ciel sont peu à peu remplacés par des façades à la peinture pelée et aux fenêtres condamnées, et partout, le mélange de problèmes sociaux et d'abus de substances illicites est impossible à rater.

Les trottoirs sont squattés par des sans-abri enfouis sous des montagnes de cartons… Arpentés par des femmes aux talons hauts et aux jupes courtes à la recherche de nouveaux clients… Peuplés de silhouettes qui titubent, gesticulent et hurlent de longs discours qu'elles sont les seules à pouvoir comprendre…

Ce n'est pas seulement l'une des zones les plus pauvres de la ville. C'est aussi l'une des plus dangereuses. Un quartier qui a tendance à déverser ses problèmes dans les rues qui l'entourent. Dont celles de Chinatown.

Je coupe vite par Abbott Street et quand j'arrive enfin sur Pender Street, la porte ouest de Chinatown n'est plus qu'à quelques mètres.

Trois grandes arches qui enjambent la largeur entière de la rue – toits en tuiles jaunes de style pagode, motifs chinois.

Et derrière ça, s'étend Chinatown.

Le quartier chinois de la ville.

Une série de rues qui se croisent en angle droit, auxquelles s'ajoutent des dizaines de ruelles de service plus ou moins glauques.

Un univers bouillonnant de vie et de couleurs pendant la journée qui se vide d'un coup chaque soir à la fermeture des magasins. Pour devenir ce qu'il est à ce moment précis.

Une zone fantôme.

Sombre.

Hantée par une poignée d'ombres furtives qui apparaissent et disparaissent dans la nuit.

Je continue à longer Pender Street et ses rideaux de fer baissés… Ses immeubles délabrés collés les uns aux autres…

Puis je tourne sur la droite pour rejoindre les coordonnées que le Central vient de me donner – le Chinatown Plaza, l'un des plus grands centres commerciaux du quartier.

Et quand je vois le carrefour de Keefer et de Columbia Street apparaître soudain devant moi, j'ai l'impression de heurter un mur de plein fouet.

2.

DIMANCHE 13 OCTOBRE

CHINATOWN PLAZA
180 KEEFER STREET
00:06

Je me gare sur le premier emplacement que je peux trouver, à quelques mètres à peine de l'entrée du Chinatown Plaza, et je passe à l'action.

Je glisse ma plaque de police sur le devant de ma ceinture et j'enfile un coupe-vent du CSU. Puis je m'avance à grands pas vers la scène de cauchemar qui me fait face, en essayant d'enregistrer un maximum d'informations visuelles sur ce qui m'attend.

VÉHICULES.

Une camionnette blanche arrêtée devant le portail du parc Livingstone. Portière conducteur ouverte. Hayon relevé.

Une voiture de police garée juste derrière. Criblée de balles. Portières avant ouvertes. Code d'identification E72 imprimé sur le capot.

Et tout autour, une bonne dizaine de véhicules d'urgence : voitures de police, ambulances, camions de pompiers. Gyrophares allumés.

VICTIMES.

Un corps allongé près de la voiture de patrouille E72. Déjà recouvert d'un drap blanc.

Une jeune femme assise à l'arrière d'une ambulance du 911. 30-35 ans. Visage et uniforme du VPD[1] couverts de sang. Cheveux blonds. Regard braqué dans le vide.

Un homme couché au milieu du carrefour, entouré de médecins.

ARMES.

Aucune de visible d'où je suis.

PREMIÈRE PATROUILLE ARRIVÉE SUR LES LIEUX.

À leurs mains couvertes de sang, probablement les deux officiers qui me regardent approcher fixement depuis que je suis sortie de la voiture.

Le premier. 30-35 ans. Trapu. Cheveux roux. Type irlandais.

Le second. Plus jeune. Grand et mince. Traits asiatiques. Visiblement plus secoué que son collègue.

– Agent Kovacs. CSU.

Je me glisse sous le ruban jaune de police qui me sépare encore d'eux et je brandis ma plaque dans leur direction.

– C'est vous qui êtes arrivés en premier sur les lieux ?

– Affirmatif.

Je jette un coup d'œil au badge de l'homme qui vient de me répondre – *Sergent Tony O'Brien* – et à celui de son partenaire – *Sergent Lee Yung*.

– Qu'est-ce qui s'est passé ?

– Fusillade. Un mort et deux blessés.

De nouveau, c'est O'Brien qui répond et je concentre toute mon attention sur lui. Pour ne pas brusquer son partenaire et respecter la hiérarchie évidente qui existe entre eux.

– Vous connaissez l'identité des victimes ?

– Oui. Sergent Alec Colson, patrouille E72, et sa partenaire, sergent Faith Donovan.

– Et l'autre homme ?

Il me foudroie du regard.

– Ce n'est pas une victime, c'est Feng Huaren, l'homme qui leur a tiré dessus. Un des membres présumés de la TDR.

– La Triade du Dragon rouge ?

– Affirmatif.

– Vous en êtes sûr ?

– Oui. Tous les officiers qui patrouillent dans le secteur le connaissent bien.

– Vous avez vu ce qui s'est passé ?

– Non. Quand on est arrivés, tout était déjà fini. Alec était au milieu du carrefour… Mort… Et Faith était blessée, juste derrière leur voiture.

– C'est la jeune femme dont le 911 est en train de s'occuper ?

– Oui. Elle a pris des éclats de verre sur le visage et on dirait que deux balles lui ont effleuré le cou…

– Elle vous a dit ce qui s'était passé ?

– Non. Rien. Je crois qu'elle est en état de choc. Elle n'a pas dit un mot depuis notre arrivée.

Derrière lui, je vois les médecins s'écarter de l'homme qu'ils essayaient de réanimer… Enlever l'embout d'un tube glissé dans sa gorge… Ranger leur matériel de réanimation cardiaque…

Et j'ai un deuxième mort sur les bras.

– Vous savez si quelqu'un a bougé quoi que ce soit ?

– Non. On a tout laissé dans l'état.

– Y compris les armes ?

Il baisse les yeux et je vois son partenaire se mettre à jouer nerveusement avec ses doigts.

– Sergent O'Brien ?

Il relève la tête. À contrecœur.

– Oui et non.

– Qu'est-ce que vous voulez dire par là ?

– Que j'ai dû toucher le Glock de Faith.

– Pourquoi ?

– Parce qu'elle l'avait encore entre les mains quand on est arrivés. J'ai réussi à la convaincre de me le donner… Et je l'ai placé dans un sac en plastique scellé. Il est dans le coffre de notre voiture.

– Vous savez si elle a ouvert le feu ?

– Oui. Je crois… Il y avait plusieurs douilles autour d'elle… Mais encore une fois, elle ne nous a rien dit. Et je n'ai pas vérifié le contenu de son chargeur…

– Et le sergent Colson ?

– Il n'a pas eu le temps de dégainer.

– Son arme était toujours dans son holster ?

– Oui.

– Vous savez comment il a été tué ?

– Deux balles dans la poitrine.

– Et l'autre homme ?

Il se tourne et regarde les médecins du 911 recouvrir le corps de leur patient.

– Pareil.

Je sens la nervosité du sergent Yung augmenter de façon exponentielle.

– Le sergent Colson ne portait pas de gilet pare-balles ?

– Si. Mais les balles ont traversé.

– Et le suspect que vous avez identifié comme étant Feng Huaren ?

– Il ne portait rien.

– Vous avez vu quel type d'arme il a utilisé ?

– Oui. Un pistolet H & K, qu'on a également dû emballer pour que les médecins du 911 puissent faire leur travail sans danger. On a aussi retrouvé un fusil d'assaut à l'intérieur de la camionnette. Un MP5. Flambant neuf. Sous le siège conducteur.

– Le suspect était-il conscient quand vous êtes arrivés ?

O'Brien jette un long regard vers son partenaire.

Et de nouveau, il me faut insister.

– Sergent O'Brien ?

– Oui. Il était au milieu du carrefour, en train de se tordre de douleur… Le pistolet était posé juste à côté de lui.

– À quelle distance ?

– Environ un mètre.

– Vous l'avez désarmé comment ?

– Je l'ai mis en joue, Lee a posé son pied sur le pistolet et l'a fait glisser sur le sol hors de sa portée.

– Et ensuite ?

– Je suis allé aider Faith et Lee a essayé de le maintenir en vie… On ne pouvait plus rien faire pour Alec…

Je fais vite le bilan.

– Vous savez sur combien de blocs le quartier a été quadrillé ?

– Oui. Quatre. Juste le carrefour et les deux ou trois rues avoisinantes. On a aussi fouillé le parc Livingstone, mais c'est tout. Chinatown est un vrai labyrinthe. Même si Qian Shaozu était là lui aussi, il est probablement déjà loin.

– Qian Shaozu ?

– Oui. Lui et Huaren opèrent toujours ensemble. On a envoyé sa photo et sa description à toutes les patrouilles de la ville. Mais comme je viens de vous le dire, il est probablement déjà loin…

– Tout cela n'est bien basé que sur une supposition ? Personne n'a vu un deuxième homme ? Un deuxième suspect en fuite ?

– Non. Mais faites-moi confiance. On ne voit jamais l'un sans l'autre. C'est leur façon de procéder.

Je vois le 4 x 4 de Nick se garer juste derrière ma Volvo et j'enchaîne.

– OK. Voilà ce qu'on va faire. Je vais aller parler au sergent Donovan et pendant ce temps-là, j'aimerais que vous alliez rejoindre mon collègue et que vous lui racontiez tout ce que vous venez de me dire. Son nom est Nick Ballard. Il vient de se garer derrière ma voiture…

O'Brien regarde le véhicule que je lui indique.

– J'aimerais aussi que vous et votre partenaire restiez ici, sur place, et que quelqu'un appelle David Ho, le responsable de la Division du crime organisé asiatique. Vous pouvez faire ça ?

– Pas de problème.

Je baisse les yeux sur le sang qu'ils ont sur les mains.

– Enfin, désolée, mais il va falloir que je vous demande de ne pas vous laver les mains… De rester comme ça jusqu'à l'arrivée du reste de mon équipe.

Lee Yung prend brusquement la parole pour la première fois.

– Pourquoi ?

– Parce que j'aimerais que mes collègues prélèvent tout indice qui pourrait se trouver sur vous.

Le sergent Yung regarde ses mains comme si elles appartenaient à quelqu'un d'autre, et je fais vite signe à Nick de prendre la relève.

Puis je me dirige vers Faith Donovan, pour essayer de percer le mur de silence qu'elle est devenue.

Les personnages et les événements relatés dans cette série sont purement fictifs.
Toute ressemblance avec des personnes ou des faits existants ou ayant existé
ne saurait être que fortuite.

Achevé d'imprimer en Italie par Canale
Dépôt légal : 1er trimestre 2008